Adrian Plass

# Adrians Extrablatt

Die gesammelten Gemeindebriefe
einer ganz gewöhnlichen
und geistlich gesegneten Gemeinde

Aus dem Englischen
von Christian Rendel

# DANKsagungen

An der Entstehung dieses Buches, eines der schwierigsten Projekte, die zu unternehmen ich je die Torheit besaß, haben viele Leute mitgewirkt. Danken möchte ich meiner Frau Bridget für ihre Unterstützung und ihre hervorragenden Ideen, James Hammond für seine Ideen und die sagenhafte Arbeit, die er mit dem Layout und den Illustrationen geleistet hat, sowie Liz, Joanna, Jonathan, Chloe und Lydia Hammond für Ideen, Fotos und einige vorzügliche Zeichnungen des Pfarrers. Dank auch an Alan, Heather und Ray für weitere Fotos. Auch meine eigene Tochter Katy hat eine sehr schöne Zeichnung beigesteuert, und mein ältester Sohn Matthew gab mir eine sehr wertvolle Anregung. Meinem Freund Paul McCusker bin ich sehr dankbar, daß er die Basis für Orel Spiggets Kinderecke geliefert hat, und Paul und seiner Frau Elizabeth für die Ideen zu dem Konzept eines überkonfessionellen christlichen Konferenzzentrums, die sie beigesteuert haben. Zum Schluß möchte ich der guten alten anglikanischen Kirche dafür danken, daß sie so ist, wie sie ist. Sie ist abwechselnd komisch, inspirierend, behaglich und zum Auswachsen. Ich liebe sie.

● ● ● ● ● ● ● ● ● ● ● ●

*Die Deutsche Bibliothek – CIP-Einheitsaufnahme*

**Plass, Adrian:**
*Adrians Extrablatt:
die gesammelten Gemeindebriefe einer ganz gewöhnlichen
und geistlich gesegneten Gemeinde/Adrian Plass.
(Übers. aus dem Engl. von Rendel, Christian).-
Moers: Brendow, 1999
(Edition C : C ; 534)
Einheitssacht.: A year at St. Yorick's <dt.>
ISBN 3-87267-763-5*

*ISBN 3-87267-763-5
Edition C, C 534
© 1999 by Brendow Verlag, D-47443 Moers*

*Originaltitel: „A year at St. Yorick's".
First published in Great Britain in 1998 by HarperCollinsReligious.
Copyright © 1998 Adrian Plass.*

*Innengestaltung:
Dieter Latsch, Designer AGD/BDG, Kirchen
Illustrationen: Dieter Latsch • Cliparts: IMSI MasterClips
(teilweise übernommen aus englischer Originalausgabe von 1998)*

*Einbandgestaltung:
Kortüm + Georg, Agentur für Kommunikation, Münster*

*Druck und Bindung:
Brendow Druck, D-47443 Moers*

*Printed in Germany*

# inHALT

**Januar** kriecht durch den Schnee
**5**

**Februar** durch Schlamm
**17**

Durch die Pfützen hüpft der **März**
**29**

**April** bricht den Damm
**41**

**Mai** ist leicht und übermütig
**53**

**Juni** frisch und frei
**63**

**Juli** wärmt mit hellen Strahlen
**75**

**August** eilt herbei
**85**

**September** sieht mit Freude schon
**97**

**Oktobers** gold'ne Pracht
**109**

**November** macht 'nen dummen Witz
**119**

**Dezember** johlt und lacht
**131**

# DER SCHÄDEL

**JANUAR** 1,–

Gemeindezeitung der Pfarrei St. Yorick's, Gently Down

**Januar ist Schlußverkauf, alles holt sich Mist zuhauf**

**GLAUBE IN AKTION**

*„Am Morgen säge deinen Samen ..."*
PREDIGER 11,6

**PFARRER:** REVEREND RICHARD HARCOURT-SMEDLEY D.D. TEL.: 569604
**VIKAR:** REVEREND CURTIS WOVERLAM B.D. TEL.: 563957
**KIRCHENVORSTEHER:** MR. C. VASEY B.A. TEL.: 563749
**PFARRSEKRETÄRIN:** MISS CHRISTINE B. FITT K.E.B.T. TEL.: 569604
„SCHÄDEL"-BEITRÄGE AN HENRY PITCHER, 3 FOXGLOVE ROAD: 563328

# Ein Brief des Pfarrers

**Liebe Gemeinde,**

meine Frau Elspeth und ich möchten allen in der Gemeinde ein sehr glückliches und erfolgreiches neues Jahr wünschen, wenn auch ein solcher Wunsch nach Erfolg nicht unbedingt als auf die Anhäufung materiellen Wohlstands bezogen verstanden werden sollte, so harmlos eine solche Anhäufung auch sein mag, sofern sie von der angemessenen Motivation getrieben ist, sondern auf das Anhäufen jener geistlichen Schätze im Himmel, die zu sammeln unser Herr seine Zuhörer so häufig ermahnte; ebensowenig wie es meine Absicht ist, durch die Erwähnung des Glücks jene auszuschließen, die aus Gründen, die außerhalb ihrer Kontrolle liegen, außerstande sind, sich eines solchen Gemütszustandes zu erfreuen, es sei denn auf jener tiefen Ebene des Glaubens und der Geborgenheit, die letzten Endes alle diejenigen stützen kann, die dem christlichen Glauben anhängen, wie finster ihre Lebensumstände auch erscheinen mögen; und natürlich gelten diese guten Wünsche allen außerhalb der Gemeinde ebenso wie jenen, die ihr angehören, denn als Christen haben wir die Pflicht, unsere Liebe der ganzen Welt zuzuwenden und nicht nur denen, die uns nahestehen, wenn auch das sicherlich nur in theoretischem Sinne Gültigkeit hat, da es uns in Wirklichkeit niemals gelingen könnte, die gesamte Bevölkerung der Welt persönlich zu kennen, was wohl auch gut so ist, denn sonst würde ja die jährliche Rechnung für Weihnachtskarten einen unerschwinglichen Umfang annehmen, was ich freilich nur als humorvolle Nebenbemerkung verstanden wissen möchte – vielleicht ein Überrest jener festlichen Stimmung, die noch vor ganz kurzer Zeit im Mittelpunkt unseres Lebens stand.

Was ist es, liebe Freunde, das diese Zeit des Jahres so besonders macht? Ich frage mich, ob Sie es bemerkt haben. Nun, hier ein kleiner Hinweis. Genau dasselbe ließe sich von meinen Unterhosen und Socken sagen – zumindest von jenen Unterhosen und Socken, die Elspeth mir um sechs Uhr früh am Weihnachtsmorgen in einem so verheißungsvoll geschmückten Päckchen überreichte. Ja, Sie

## Örtliche Redensarten

Diesen Monat eingesandt von Tilly Jenks

„Man kriegt keine Wintermilch von einer Sommerkuh."

# Gebete für den Monat

### Eingesandt aus der ganzen Gemeinde

*Für einen geliebten Schwager, daß er den Mut finden möge, wieder mit Bakelit zu hantieren ... Für Dyllis, daß sie aus dem Schuppen kommen und anfangen möge, selbst nach Nahrung zu suchen ... Für einen lieben Freund, der unter großen Schwierigkeiten die Balance hält, daß er wieder lernen möge zu knabbern ... Für Daniel, daß die innere Entleerung sich still vollziehen und dann Friede einkehren möge ... Für Pat, daß die größeren Klammern ohne unnötige Verluste entfernt werden mögen ... Für einen geschätzten Kollegen, daß sein gegenwärtiger Level rasch absinken und die richtige Art von professioneller Hilfe bald verfügbar werden möge ... Für die liebe Lulu, die sich so recken muß ... Für den lieben Vetter Paul, der die Entdeckung verarbeiten muß, daß er Amerikaner ist ... Für Eammon, in dessen Familie Zerrissenheit und Not über die Wahl des richtigen Maßeinheitensystems herrschen ... Für Vaughn, daß Gott zu seiner Zeit eine wahre Aufrichtung schenken möge ... Für Maude, eine verehrte Schwiegermutter, daß das klaffende Loch sich bald schließen möge ...* **Amen.**

---

haben den Nagel auf den Kopf getroffen – sie waren neu! Meine Unterhosen und Socken, immer noch in ihre Zellophanhüllen verpackt, sind wunderbar neu, und dasselbe gilt in einem sehr realen Sinne für das Jahr, das, während ich dies schreibe, seinen Anfang nimmt.

Was bedeutet es eigentlich, neu zu sein?

Nun, meine (unter beträchtlicher Überredung seitens meiner Frau und des neuen Redakteurs unserer Gemeindezeitung unternommenen) Versuche, in diesem monatlichen Brief einen herzlicheren Ton anzustreben, sind neu. Ein Baby ist neu. Die Rolling Stones, wie unerfreulich sie für viele von uns auch sein mögen, sind neu. Unser erfrischend lebhafter junger Vikar Curtis ist neu. Das vierte Fernsehprogramm ist neu. All diesen Dingen ist eine Qualität der Neuheit gemein, ist es nicht so, meine Pfründe? Eine Frische, eine Aura des Aufbruchs, ein Eindruck des Nicht-Alt-Seins, ein Attribut des Beginnens, ein gemeinsamer Aspekt des kürzlichen Erscheinens, ein Gefühl, bisher noch nicht dagewesen zu sein. Und all das kann auf bedauerliche Weise mißbraucht werden. Eingedenk der Tatsache, daß die säkulare Welt uns stets beobachtet, werde ich es mir zur Pflicht machen, die nächsten zwölf Monate mit ebensolcher Sorgfalt auszufüllen wie meine Unterhosen.

Wie steht es mit Ihnen?

Vom Schreibtisch Ihres Pfarrers
**Richard Harcourt-Smedley**

P.S: Eine weitere *neue* Sache ist der Stil dieser Zeitung unter ihrem *neuen* Redakteur Henry Pitcher, der, wie er mir sagt, darauf hofft, in den kommenden Monaten eine *neue* Offenheit und Ehrlichkeit zu kultivieren. Dazu gehört offenbar, daß auch diejenigen Mitglieder der Gemeinde, von denen man es eigentlich nicht erwarten würde, eingeladen werden, von Zeit zu Zeit etwas beizutragen. Zweifellos wird er im Leitartikel dieses Monats darauf noch zu sprechen kommen. Ich möchte lediglich ein warnendes Wort dahin gehend äußern, daß solch revolutionäre Konzepte wie Offenheit und Ehrlichkeit in jeder anglikanischen Gemeinschaft nur mit äußerster Behutsamkeit eingeführt werden sollten.

# BERICHT VOM WEIHNACHTSLIEDERSINGEN DER GEMEINDE

Ich weiß nicht, ich kann das eigentlich nicht. Henry wollte, daß ich das mache. Also, wir sind hingegangen, ja?

Was soll ich sagen? Ich bin hingegangen. Jede Menge Leute sind hingegangen. Es war dunkel. Gott sei Dank! Wir sind nur zu den Leuten in der Nachbarschaft von Dave Billings gegangen, die aus unerfindlichen Gründen gelogen hatten, sie wären ganz erpicht darauf, daß ihnen Leute vor der Haustür grottenschlecht was vorsingen, just wenn gerade die Hauptnachrichten anfangen. Na ja, wie üblich trotteten wir im Pulk hinter Dave Billings her von Straßenlaterne zu Straßenlaterne wie ein Rudel inkontinenter Hunde. Soweit ich mich erinnere, wurden von zwei oder drei musikalisch unabhängigen Geistern auch Instrumente gespielt, eins zum Pusten, zwei zum Kratzen und ein höllisch quietschendes Ding, das man würgen mußte, um etwas Böses aus ihm auszutreiben. Hörte sich eher an wie ein Strafkommando, das ausgeschickt war, um an abgeirrten Gemeindegliedern die Urteile zu vollstrecken, als eine Gruppe, die der örtlichen Bevölkerung eine Freude machen sollte.

Den Kindern machten wir vor, wir täten ihnen einen Gefallen, indem wir sie an den Türen Geld sammeln ließen, anstatt zuzugeben, daß wir alle Schiß davor hatten, von dem einen oder anderen marxistischen Musikliebhaber mit Beschimpfungen überschüttet zu werden.

Gegen Ende, als Dave Billings, der sich leutselig als „Junge aus der Nachbarschaft" bezeichnete, sagte, er wüßte eine gute Abkürzung, verliefen wir uns. Schließlich rutschten wir alle im Stockfinstern so eine alptraumhafte Grasböschung hinunter und landeten in irgendeiner obskuren Eisenbahnschneise.

Alle ein bißchen ängstlich und hysterisch, bis der Junge aus der Nachbarschaft gelassen erklärte, das sei nur ein altes Nebengleis, das seit Jahren nicht mehr benutzt werde. Allgemeines Gelächter und erleichterte Ausrufe, die jäh abbrachen, als so ein verflixter Zug heranratterte! Alle entkamen, indem sie die Böschung hinaufkletterten – Frauen, Kinder und der kleine Georgy Pain voraus! Der Spieler der höllischen Quietschmaschine kam als letzter, leider immer noch seine Waffe umklammernd. War sehr in Versuchung, ihm meine Schuhsohle vor den Bug zu stoßen, als er gerade oben auf dem Hang ankam.

Waren schon fast wieder zu Hause bei Dave, dem Jungen aus der Nachbarschaft, als dieser verrückte alte Italiener unter einer Straßenlaterne stehenblieb, in Tränen ausbrach und mit hoher Fistelstimme irgend so ein wehleidiges Lied in seiner Heimatsprache zu singen begann. Kann nicht mehr viel übrig sein in puncto Fortpflanzung, wenn Sie mich fragen.

Hilary Tuttsonson, die wußte, daß der Mietvertrag für seine Wohnung demnächst ausläuft, meinte, es sei ein sehr bewegender Moment. Fand ich gar nicht, aber ich biete ja auch keine Fremdenzimmer mit Frühstück mit Preisnachlaß für Gemeindeglieder an. Der Kerl, der in dem Haus wohnt, vor dem er sang, fand es auch nicht sehr bewegend. Riß seine Tür auf und rief mit einem australischen Akzent, der sich anhörte wie ein vibrierendes Gummiband, er würde uns seine beiden tasmanischen Beutelteufel auf den Hals hetzen, wenn wir unserem Caruso nicht sofort einen Socken in den Hals stopfen und verschwinden würden. Zwar glaubte keiner, daß er wirklich tasmanische Beutelteufel hatte, aber wir ließen uns nicht lange bitten, einschließlich Garibaldi oder wie er heißt, der mannhaft seine Trauer meisterte und davongaloppierte wie ein Cockerspaniel mit juckendem Hintern. Offensichtlich reichte seine schluchzende Trauer nicht so weit, daß er sich bereitwillig von kleinen, knurrenden antipodischen Bestien zerfleischen lassen wollte.

Endlich erreichten wir Daves Haus. Der gute alte Dave und seine bessere Hälfte hatten sich ausnahmsweise mal richtig ins Zeug gelegt und spendierten Glühwein und Frikadellen und andere festliche Leckerbissen. Muß mehr gekostet haben, als wir den ganzen Abend über gesammelt hatten. Trotzdem, war eigentlich ein Riesenspaß. Besoffen war keiner. Einer oder zwei gaben sich freilich alle Mühe. Garibaldi wurde wieder fröhlich. Als jammerndes Häuflein Elend war er mir lieber, glaube ich.

Aber ein netter Haufen, finde ich, jedenfalls die meisten. Wäre nur recht und billig, für den Kerl mit dem gruseligen, quietschenden, ohrenquälenden Dingsda eine Lynchjustiz zu organisieren. Vielleicht nächste Weihnachten?

*Von George Pain*

## Ein Neujahrsgruß von Ihrem Redakteur

Ja, wahrhaftig, ein sehr glückliches neues Jahr der ganzen Gemeinde und besonders unseren regelmäßigen Lesern. Ich hoffe sehr, daß Ihnen der neue Look unseres Magazins gefällt und daß Sie die Beiträge, die wir für das kommende Jahr für Sie ausgewählt haben, inspirieren werden.

Zuerst wird Ihnen bereits der kleine Reim unter dem Titel dieser Ausgabe aufgefallen sein. George Pain wird jeden Monat ein solches Verslein beisteuern.

Sicher haben Sie auch den Cartoon auf unserem Titelblatt bemerkt. Ich habe Faith Burgess gebeten, mit ihren Zeichnungen für die Titelseite einem biblischen Thema zu folgen, und wie es scheint, ist genau das ihre Absicht!

Diesen Monat erleben wir auch den Start einer neuen Kolumne unter Federführung von Simon Bleach, der, wie viele von Ihnen wissen, ein angesehener professioneller Schriftsteller ist. Bitte fühlen Sie sich völlig frei, in Simons Kolumne über alles zu schreiben, was Ihnen auf der Seele liegt. Waschen Sie öffentlich Ihre schmutzige Wäsche, wenn Sie wollen, schicken Sie Probleme und Fragen ein oder auch einfach Ihren Kommentar zu jedem beliebigen Thema unter der Sonne. Seien Sie jedoch gewarnt – Simon hat nicht vor, mit seinen Antworten zimperlich zu sein!

Weitere Neuheiten sind die Kinderecke, die im Laufe des Jahres Beiträge von verschiedenen Leuten bringen wird, und ein Platz für Gedichte unserer Leser. Bitte schicken Sie uns Ihre lyrischen Werke reichlich zu! Unsere neue „Schlaglicht"-Rubrik, in der alle zwei Monate bekannte Mitglieder unserer Gemeinde vorgestellt werden, wird von Henry King geschrieben, der anstrebt, professioneller Journalist zu werden. Nach dem ersten dieser Artikel zu urteilen, haben wir eine höchst unterhaltsame und informative Zeit vor uns!

Im nächsten Monat starten wir eine kurze Serie von Kommentaren zu den Wundern Jesu, beigesteuert von einem älteren Herrn, der anonym bleiben möchte, jedoch nichts dagegen hat, wenn wir erfahren, daß er erst kürzlich aus einer herausragenden Stellung in der Gegend von Durham in den Ruhestand verabschiedet wurde. Könnte interessant werden.

Mein Favorit unter den Beiträgen dieses Monats ist Georges Bericht über das Weihnachtsliedersingen. Er mußte heftig unter Druck gesetzt und bestochen werden, bevor er bereit war, ihn zu schreiben, aber das Ergebnis ist – nun, was soll ich sagen?

Schicken Sie uns nur reichlich Beiträge, und viel Spaß beim Lesen!

*Henry Pitcher*

PS: Ich glaube, daß sich das Problem mit den Druckfehlern verbessern wird, da meine Frau das Korrekturlesen übernommen hat. Sie kehrt mit eisernem Besen, und ich kann Ihnen aus eigener Erfahrung versichern, daß ihr Busen seinen Zweck vorzüglich erfüllt.

# Waschen Sie Ihre
# SCHMUTZIGE WÄSCHE
## mit Simon Bleach

**?** Lieber Simon,
ich bin zutiefst entsetzt. Ich habe einen Bruder im Glauben, den ich stets sehr geschätzt habe. Es wäre sogar nicht übertrieben, zu sagen, daß er für mich die Meßlatte wurde, an der ich meinen eigenen Status, mein Wachstum und meine Entwicklung als Christ und Mensch maß. Stellen Sie sich also mein Entsetzen vor, als ich vor vierzehn Tagen eine der örtlichen Gastwirtschaften betrat, um Weihnachtstraktate auf den Tischen auszulegen, und meinen Mentor an der Bar erspähte, wo er sich vom Wirt ein Glas jenes Teufelsgebräus aus einer dämonischen Flasche einschenken ließ. Ich bin verzweifelt.

**Philip Jaws**

**!** *Lieber Philip,
ich kann Ihre Not wirklich sehr gut verstehen, aber vielleicht sollten Sie nicht zu voreilig damit sein, diesen Mann zu verurteilen. Überlegen Sie doch einen Moment. Vielleicht gab es Aspekte an dieser Situation, die Ihnen nicht bewußt waren. Wäre es zum Beispiel möglich, daß an jenem Abend die Zapfanlage defekt war, so daß Flaschenbier schlicht und einfach die einzige Option war? Ich muß bekennen, daß es schon Gelegenheiten gab, wo ich selbst mit ein paar Freunden auf das eine oder andere Gläschen loszog und eine vorübergehende Neugier auf Zeug, das nicht aus dem Faß stammt, mich überkam.
Geben Sie Ihren Freund noch nicht auf. Schließlich können wir nicht alle Puristen sein, nicht wahr? Laden Sie ihn zu ein paar Humpen von dem einzig wahren Stoff ein, und reden Sie mit ihm über Ihre Besorgnis. Ich hoffe, das hilft Ihnen weiter.*

***Simon***

# DIÄT-TIPS

Marcia Daniels, Christin und professionelle Ernährungsexpertin, bietet uns einen Leitfaden für Gesundheit und Fitness.

### Hallo, Ihr da, hier Marcia!

Huhu, aufwachen! Wer erinnert sich noch an die Peter Frankenfeld-Show? Ich. Autsch, jetzt habe ich mich verraten!

Weihnachten ist vorüber, Leute, und das neue Jahr bringt uns eine neue Chance, uns all der lieben Körperteile anzunehmen, die wir alle nur einmal bekommen. Was macht der Hintern? Und die Schenkel? Und die Taille? Und die Haut? Und die Unterarme? Wie sehen wir denn heute ganz allgemein aus – sind wir schlaff oder straff? Sind wir aktive kleine Anglikaner oder mollige kleine anglikanische Putten? Ich bin sicher, daß wir, die wir im Sieg wandeln wollen, uns alle einig sind, daß richtiges Essen unabdingbar zu einem Lebensstil gehört, der Gott verherrlichen will.

### Hallo-o-o!

### Sind Sie auf meiner Wellenlänge?

Ich war heute morgen um fünf Uhr auf den Beinen, habe mich gestreckt und gebeugt und bin

gelaufen und habe meine Nahrungsaufnahme für den Tag geplant, und Freunde – ich fühle mich großartig! Und ich möchte, daß auch Sie sich großartig fühlen. Diesen Monat bekommen Sie einen kleinen Einblick in die Diät, die mich immer so gut in Form hält, und genau das können Sie auch erleben. Manche Leute meinen, Diäten wären langweilig, stimmt's? Diese nicht, Leute! Sie werden sich staunend fragen, wie es nur möglich ist, daß eine Diät gleichzeitig so sättigend und so gut für Ihre Figur ist. Das kann doch nicht sein, werden Sie protestieren! Nun, der Beweis kommt mit dem Nachtisch, nur daß – ha! ha! – es bei dieser Diät keinen gibt! (Humor und Fitness passen hervorragend zusammen, Leute, was immer die alten Trübsalbläser auch sagen mögen.) Wenn Sie die komplette Diät wollen, schreiben Sie mich einfach über die Redaktion an, und Sie werden einen Diätplan für das ganze Jahr vor sich haben, bevor Sie „dick und fett!" sagen können.

# MENÜ

## FRÜHSTÜCK

Ein kleiner Splitter einer sehr teuren, grauen, pappigen Substanz, getaucht in ungesüßten Zitronensaft. Drei Quadratmillimeter Toast (hauchdünn), kräftig abgekratzt und über Nacht im Garten vergraben. Unbegrenzt trockenes Gras, geraspelt und mit warmem Kabeljau-Leberöl gemischt (da könnt Ihr Euch mal so richtig den Bauch vollschlagen, Leute!).

## MITTAGESSEN

Ein mikroskopischer Klecks übelriechender, weißer, käsiger Brei auf einem Scheibchen sandpapierähnlichem Zeug. Ein kleiner, harter, saurer, ekliger kleiner Apfel mitsamt Kernen und Stiel. Eine halbe Gallone eiskalter Brei mit der Konsistenz von Tapetenkleister (Farbstoff nach Geschmack hinzufügen – seid kreativ, Leute!). Unbegrenzt tote Salatblätter. (Na los – haut rein!)

## BETTHUPFERL

(Kurz bevor Sie über Nacht in Ihr Grab kriechen)
Zwei Unzen Feldmausschwanzsuppe, mit viel Wasser gestreckt und einen Monat lang abgestanden.
(Siehe Merkblatt „Spaß mit toten Nagetieren")
Ein trauriger kleiner Keks, von dem alles entfernt wurde, was auch nur den leisesten Anflug von Genuß verursachen könnte.

## ABENDESSEN

(Für die, die noch können!)
Vorspeise: Aalhaut-Überraschung (aus meiner Sammlung „Absolut scheußliche Rezepte")
Ein volles Roastbeef-Dinner, nur Fleisch, Kartoffeln, Soße und Yorkshire-Pudding weglassen – also alles bis auf einen großzügigen Teelöffel voll rohem Spinat.
Dessert: Französischer Dip: Kleine Schüssel lauwarmes Wasser, in dem genau sieben Minuten lang eine ungeschälte Weinbeere eingelegt war.
(Erst die Weinbeere herausnehmen, Sie Schelm!)
Kein Käse.
Kein Wein.
Kein Cognac.
Kein Kaffee.
Kein Genuß.
Unbegrenzter Hunger.

**Da habt Ihr es, Leute! Bleibt fit! Nieder mit den Speckringen! Und was immer Ihr tut – werdet nicht deprimiert!**

# SCHLAGLICHT

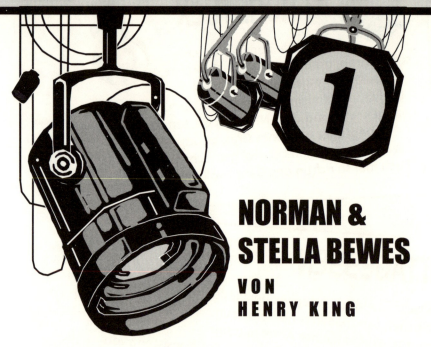

## NORMAN & STELLA BEWES
### VON HENRY KING

Ich bin sehr aufgeregt vor meinem ersten Einsatz als Journalist für die Gemeindezeitschrift. Bei mir habe ich zwei neue Kulis (einer rot, einer schwarz) und ein Reporter-Notizbuch mit so einer Drahtspirale am Rücken, alles gestern extra im Schreibwarenladen gekauft.

Ich fahre drei Haltestellen weit mit dem Vierundneunziger-Bus, um die Schlaglicht-Stars dieses Monats zu besuchen, Norman und Stella Bewes in der 25 Larch Avenue, einer Straße, die mir nicht vertraut ist. Norman sagte mir am Telefon, da er und Stella schon in den Jahren und nicht mehr sehr beweglich seien, werde er die Haustür offen lassen, und ich solle nur hereinkommen und mich durch Rufen bemerkbar machen, sobald ich da sei.

## Schaum

Zuversichtlich betrete ich das Haus und rufe: „No-o-orman! No-o-orman!" Im nächsten Moment galoppiert der größte blutrünstigste Hund, den ich je gesehen habe, etwa von der Größe eines kleinen Ponys, durch den Flur auf mich zu und bellt dabei lauter, als es für einen Hund physisch möglich erscheint.

Schreiend renne ich zur Haustür hinaus und sprinte die Larch Avenue entlang davon, den Hund auf den Fersen. Es ist wie bei der Stelle in „Jurassic Park", wo der Tyrannosaurus Rex den Jeep die Straße entlang jagt. Ich staune selbst über die Geschwindigkeit, die ich vorzulegen imstande bin, wenn ein riesiger Hund mit wütendem Gebell hinter mir her ist.

Am Ende der Straße gelingt es mir, mich in eine Telefonzelle zu retten und gerade noch rechtzeitig die Tür zu schließen. Der Hund stürzt sich gegen die Zelle und kratzt mit seinen riesigen Pfoten über das Glas. Ein wütend dreinblickender Mann mit einer Leine in der Hand kommt die Straße entlang hinter ihm hergelaufen. Als er die Telefonzelle erreicht, sagt er, statt den Hund zu packen und an die Leine zu nehmen: „Guter Junge, Vinnie! Platz, Vinnie! Platz! Guter Junge, Vinnie!"

## Illegal

Ein Polizeistreifenwagen kommt mit quietschenden Reifen neben der Telefonzelle zum Stehen. Zwei Beamte steigen aus. Sie sagen dem Mann, er solle seinen Hund an die Leine nehmen, sie würden sich um das Weitere kümmern. Die Polizisten überzeugen mich, daß ich gefahrlos herauskommen kann. Ich fühle mich wie ein zitterndes Wrack, als ich aus der Telefonzelle taumele. Der Mann mit der Leine sagt zu den Polizisten, ich sei vor nicht mehr als zwei Minuten illegal in sein Haus eingedrungen, „ohne auch nur anzuklopfen", und hätte frech nach einem Komplizen namens Norman gerufen, als ich seinen Hausflur betrat. Einer der Polizisten fragt mich, ob das wahr sei. „Keineswegs", sage ich.

Einer von ihnen sagt: „Haben Sie seinen Hausflur betreten?"

„Ja", sage ich.

Der andere sagt: „Haben Sie nach jemandem namens Norman gerufen?"

Ich sage: „Nun, ja."

Der erste sagt: „Und was haben Sie da gemacht?"

Ich sage: „Ich wollte ein Schlaglicht für den Schädel machen." Kurzes, verdutztes Schweigen. Meine Erklärung, die bei näherem Nachdenken nicht verständlicher war, als hätte ich ein Gemälde von Salvador Dali hochgehalten, schien nicht viel

geholfen zu haben.

Inzwischen hatten sich etliche Schaulustige versammelt. Eine unglaublich dicke Frau mit Augen wie tote Fliegen fährt sich mit ihrer winzigen Zunge über die Lippen und sagt: „Ich würde den Hund auf ihn hetzen." Vereinzelter Applaus aus der Menge.

## Gnom

Ich zeige den Polizisten meine Kulis und mein Reporter-Notizbuch und sage ihnen, ich sei Journalist und hätte eine Verabredung mit Norman und Stella Bewes. Der Mann mit dem Hund lacht höhnisch auf. Er sagt, die beiden wohnten direkt neben ihm in Nummer siebenundzwanzig, und ob ich ihm vielleicht erklären könne, warum sich ein liebenswertes altes Ehepaar wie dieses von einem Kriminellen interviewen lassen sollte.

Wir alle gehen zu Norman und Stella. Ihr Haus wirkt gepflegt und unfreundlich. Ich sehe nur eine oder zwei verängstigt wirkende Weihnachtsdekorationen hier und da im Wohnzimmer. Norman und Stella bestätigen meine Aussage. Die Polizei verläßt den Ort des Geschehens. Der Mann mit dem Hund geht ebenfalls, nachdem er zu Norman und Stella gesagt hat, er sei „gleich nebenan", und wenn ich weiteren Ärger machen sollte, brauchten sie nur zu rufen, dann würde Vinnie kommen und die Sache regeln.

Ich setze mich mit Norman und Stella hin. Ich sage: „Ich frage mich, wie ich nur vergessen konnte, daß Norman ‚siebenundzwanzig' und nicht ‚fünfundzwanzig' sagte."

Norman sieht aus wie ein zusammengeschrumpfter kleiner Gnom. Er sagt: „Haben Sie gar nicht. Ich habe Ihnen aus Spaß gesagt, es sei Nummer fünfundzwanzig. Wollte mal sehen, was passiert, wenn Sie unaufgefordert in das Haus eines anderen gehen, wo es einen großen, scharfen Hund gibt." Er lacht, bis ihm die Tränen kommen.

Ich frage ihn, was er denn gedacht habe, was passieren würde, wenn ich unaufgefordert in das Haus eines anderen gehe, wo es einen großen, scharfen Hund gibt. Er sagt: „He-he-he! Ich dachte mir, das gibt eine schöne Treibjagd!"

Ich frage Norman, wie lange er schon praktizierender Christ ist. Die Ironie entgeht ihm. „Mein ganzes Leben lang", sagt er, „als Junge und als Mann – kann mich nicht erinnern, daß es je anders gewesen wäre, und wer etwas anderes sagt, der bekommt es mit mir zu tun."

## Schäbig

Stella sagt, Norman habe schon immer viel Sinn für Humor gehabt, und sie beide seien der Meinung, daß auch Gott Sinn für Humor habe. Ich bitte Norman, mir die Stelle in den Evangelien zu zeigen, wo Jesus seinen Sinn für Humor beweist, indem er einen Mann in eine Situation lockt, wo er des Hausfriedensbruchs beschuldigt wird und sich in einer Telefonzelle verstecken muß, um nicht von einem wilden, mörderischen Hund zerfleischt zu werden.

Norman meint, zur Zeit unseres Herrn habe es noch keine Telefonzellen gegeben. Er und Stella sind offensichtlich der Ansicht, mit dieser Bemerkung einen entscheidenden Punkt gelandet zu haben. Jedenfalls, fügt er hinzu, wenn ich mich Christ nenne, müsse ich ihm vergeben.

Stella nickt. Sie starren mich anklagend an. Es herrscht der allgemeine Eindruck, daß ich mich durchweg ziemlich schäbig verhalten habe. Am Ende entschuldige ich mich dafür, daß ich mich durch die Aussicht, in Stücke gerissen zu werden, so sehr habe ängstigen und demütigen lassen. So etwas muß ein Journalist nun einmal ertragen können, sage ich mir.

Ich hole mein Notizbuch und meine Kulis hervor und frage Norman und Stella, ob sie fänden, daß St. Yorick's sich in den dreißig Jahren ihrer Mitglied-

„Siehe, ich stehe vor der Tür und klopfe an. Wenn jemand meine Stimme hören wird und die Tür auftut, zu dem werde ich hineingehen."

– Alles schön und gut, aber was, wenn das Schloß klemmt?

**Gläubiger Schlosser**
rund um die Uhr erreichbar! Tel.: 560021

schaft verändert habe. Sie sind sich völlig einig darüber, daß in den alten Zeiten Leute von viel besserer Art die Gemeinde besuchten, und beklagen den Umstand, daß heutzutage offenbar jeder x-Beliebige hineingelassen werde.

Ich frage, ob das nicht genau das sei, was Jesus gewollt habe, da er sich mit seiner Verkündigung doch hauptsächlich an Sünder und Prostituierte und Männer, die ihre ganze Zeit in der Kneipe verbringen, gewandt habe. Norman verweist mich des Hauses und behauptet, ich hätte Stella als Prostituierte und ihn als einen Sünder bezeichnet, der seine ganze Zeit in der Kneipe verbringt.

## Kartoffel

Stella führt mich nach draußen. Gerade als ich den Gartenweg entlanggehe, ruft sie mir noch hinterher: „Können Sie schreiben, daß Norman ganz vorzüglich Robin Cook beim Kartoffelschälen imitieren kann und daß es ihm nichts ausmachen würde, das nächstes Jahr auf dem Bunten Abend zum Erntedankfest vorzuführen, wenn ihn jemand abholt und ihm auf die Bühne hilft? Und lassen Sie sich in diesem Haus nie wieder blicken."

Es kann nicht viel schiefgehen mit dem St.-Yorick's-Bus, solange wir prächtige alte Ehepaare wie Norman und Stella Bewes unter den Passagieren haben!

# Lyrik Ecke

### Ein Limerick zum Thema Hölle

*Ein Pfarrer fragt sich konsterniert,
ob das Warten aufs Heil sich rentiert.
Wir kommen ja doch
nicht hinein in das Loch,
da die Hölle nicht mehr existiert.*

**Anonym**

### Und einer zum Thema...?

*Ein junger Pfingstler aus Knockholt
fiel ab und trieb Dinge, die okkult.
Für ihn war es klar:
„Star Trek ist wahr!"
Und er gründete erstmals den Spock-Kult.*

**Noch anonymer**

(Diesen fürchterlichen Limerick habe ich wegen des schieren Mutes aufgenommen, den es gekostet haben muß, den Reim am Ende der letzten Zeile zu benutzen. Hrsg.)

# ANSCHLAGBRETT

## GOTTESDIENSTE

### SONNTAG
8.00 Uhr Kommunion
9.30 Uhr Familiengottesdienst
11.00 Uhr Morgengebet
18.30 Uhr Abendgebet

### MITTWOCH
10.30 Uhr Kommunion

## DER JUGENDCLUB VON ST. YORICK'S

nimmt seine Treffen am dritten Freitag des Monats im Gemeindesaal wieder auf. Diesen Monat wird das Video „Bekenntnisse eines geistesgestörten Sadisten" gezeigt, gefolgt von einer Diskussion, in der wir die Frage stellen werden: „Hätten wir uns das anschauen sollen?"

## Der Frauenkreis von St. Yorick's

trifft sich am Donnerstag, dem 16. Januar, um 19.00 Uhr im Haus von Mrs. Tyson, 36 Butterwick Avenue.

Es wird spannend: Mrs. Fields hat sich freundlicherweise bereit erklärt, anhand von Dias und Kommentaren die Stadien zu erläutern, in denen Mr. Fields während der letzten zwei Jahre eine stetige, aber bemerkenswerte Verbesserung des Zustands seiner Rasenflächen erzielt hat.

Bitte kommen Sie pünktlich, um nichts von dem aufregenden Programm zu verpassen. Nach dem einen oder anderen unangenehmen Zwischenfall im vergangenen Jahr müssen wir darauf bestehen, daß alle, die Früchtetee benötigen, ihre eigenen Teebeutel mitbringen.

## Kirchenvorstand

Die erste Kirchenvorstandssitzung des Jahres findet am 23. Januar um 19.30 Uhr im Pfarrhaus statt. Der Pfarrer möchte seiner Hoffnung Ausdruck geben, daß uns eine neue Einsicht in den mystischen Zusammenhang zwischen Mitgliedschaft und Teilnahme geschenkt werden möge.

In der Ausgabe des nächsten Monats werden wir Raum für alle bereithalten, die ihren Lieben Grüße zum Valentinstag senden wollen. Bitte stellen Sie sicher, daß Ihre Botschaften den Redakteur bis Mitte Januar erreichen. Man sagt, die Tiefen der anglikanischen Leidenschaft würden durch das Austauschen des Friedensgrußes ausgelotet. Vielleicht können wir zeigen, daß dies ein Irrtum ist.

# KINDERECKE

**Hallo Kinder, hier kommt Eure Tante Audrey Pellet zu Besuch und bringt Euch eine Menge Spaß mit in Eurer eigenen Ecke in der Gemeindezeitung.**

Diesen Monat beigesteuert von Miss Audrey Pellet, Jungfer aus der Gemeinde St. Yorick's und hochqualifiziert für diesen Bereich, da sie, wie sie mir sagt, vor dem Krieg in der Sonntagsschule zu unterrichten pflegte. Allerdings bin ich mir nicht ganz sicher, welchen Krieg sie meinte … (Hrsg.)

Ist es nicht ein Glück für einen kleinen Jungen oder ein kleines Mädchen, eine eigene Seite in so einer erwachsenen und wichtigen Veröffentlichung zu haben?

Und wird Mama nicht staunen und sich freuen, wenn Du ihr schüchtern das wunderschöne Spiel zeigst, das Du spielen darfst, wenn Du ein braves und aufmerksames Kind warst?

Ich hoffe, Du bist so ein Kind, denn diese Sorte Kinder ist es, die Jesus gerne sieht, wenn er von seinem großen Thron in den himmlischen Gefilden hoch über uns herabblickt.

Möchtest Du vielleicht höflich Mama fragen, oder vielleicht sogar Papa, falls er nicht zu sehr mit etwas Wichtigem beschäftigt ist, sich neben Dich an den Tisch zu setzen und Dir behutsam bei dem Rätsel zu helfen, mit dem Du am liebsten gleich anfangen würdest?

Hast Du, kleiner Mann oder kleine Frau, schon einmal von einem Spiel mit dem Namen „Wortsuche" erzählen hören?

Oh! Sehe ich da ein verdutztes Stirnrunzeln auf Euren kleinen Gesichtern? Wie großartig und schwierig dieser Name doch klingt, nicht wahr? Das ist etwas ganz Modernes, aber deshalb nichts Schlechtes, meine kleinen Dreckspätze! Laßt es uns spielen, und wir werden sehen, was wir sehen werden.

Seht Ihr das lustige Durcheinander von allen möglichen Buchstaben des ABCs, das ich für Euch gemacht habe? Aber, Ihr Kleinen, ist es wirklich so ein Durcheinander, wie es auf den ersten Blick scheint?

Und kann nicht das Leben selbst ein solches Durcheinander werden für jene bösen und ungehorsamen Kinder, die nicht ihre Gebete verrichten und ihre Lektionen lernen? Aber zu diesen gehört Ihr ja sicher nicht.

Nun, in all diesen lustigen Buchstabenreihen ist ein köstliches Geheimnis versteckt. Tante Audrey möchte, daß Ihr mit Mamas Hilfe das Geheimnis selbst herausfindet, obwohl Tantchen auch ein bißchen mithilft, indem sie ihren kleinen Lesern eine hübsche lange Liste der Wörter an die Hand gibt, die sie in dem Rätsel finden sollen.

Und wenn Ihr dann das Geheimnis herausgefunden habt, dann werdet Ihr es vielleicht geduldig auch dem kleinen Bruder oder der kleinen Schwester beibringen, die ich an Eurem Ellbogen stehen sehe und die sich so sehr wünschen, bei Euren wichtigen Spielen für große Kinder auch mitspielen zu dürfen. Es ist ein Geheimnis, das alle kennen sollten – wäre es nicht großartig, wenn Du es einem anderen beibringen könntest?

## WORTSUCHE

| | | | | | | | | | | |
|---|---|---|---|---|---|---|---|---|---|---|
| BRAVE | **B** | **R** | **A** | **V** | **E** | L | P | W | M | S | X |
| CHRISTLICHE | **C** | **H** | **R** | **I** | **S** | **T** | **L** | **I** | **C** | **H** | **E** |
| KINDER | **K** | **I** | **N** | **D** | **E** | **R** | U | L | H | G | D |
| SOLLTEN | **S** | **O** | **L** | **L** | **T** | **E** | **N** | W | O | P | S |
| JEDEN | **J** | **E** | **D** | **E** | **N** | W | O | P | S | H | F |
| TAG | **T** | **A** | **G** | K | F | L | R | C | F | K | M |
| ZWEIMAL | **Z** | **W** | **E** | **I** | **M** | **A** | **L** | G | K | S | T |
| IN | **I** | **N** | G | S | H | O | V | L | I | R | D |
| DER | **D** | **E** | **R** | U | P | J | G | D | M | A | H |
| BIBEL | **B** | **I** | **B** | **E** | **L** | J | G | R | D | X | A |
| LESEN | **L** | **E** | **S** | **E** | **N** | K | G | T | Y | Z | X |

# DER SCHÄDEL

**FEBRUAR**

Gemeindezeitung der Pfarrei St. Yorick's, Gently Down

**Februar ist ziemlich kurz, Zeit für einen Kassensturz**

**GLAUBE IN AKTION**

*„Es wird gesägt ein natürlicher Leib ..."*
1. KORINTHER 15,44

**PFARRER:** REVEREND RICHARD COURT-SMEDLEY D.D. TEL.: 569604
**VIKAR:** REVEREND CURTIS WOVREMAL B.D. TEL.: 563957
**KIRCHENVORSTEHER:** MR. C. VASEY B.A. TEL.: 563749
**PFARRSEKRETÄRIN:** MISS CHRISTINE FITT K.E.B.T. TEL.: 569604
**SCHÄDEL-BEITRÄGE AN HENRY PITCHER, 3 FOXGLOVE ROAD: 563328**

# Ein Brief des Pfarrers

### Liebe Gebeine,

letzte Woche beschlossen meine giebe Lattin und ich, Curtis die Organisation einer Erweckung in St. Yorick's zu überlassen (ich glaubte kaum, daß dies einen mit solcher Lebhaftigkeit gesegneten jungen Mann einen vollen Tag lang in Anspruch nehmen würde), während wir unseren freien Tag mit einem Ausflug zum Schloß Dampney Hall verbrachten. Dies ist, wie viele von Ihnen wissen, eine äußerst beeindruckende, stattliche Residenz nördlich unseres Pfarrbezirks.

Während dieses Besuches an einem kalten Februartag besichtigten Elspeth und ich das Haus selbst, doch während der wärmeren Jahreszeiten genießen wir es besonders, die riesigen, in vielen Farben schillernden Fische zu beobachten, die sich im Wassergraben tummeln. Diese Geschöpfe steigen zur Wasseroberfläche auf und schwimmen ohne das geringste Zeichen von Furcht auf die Schaulustigen am Ufer zu.

Elspeth und ich haben schon viele glückliche Stunden damit verbracht, auf einer wasserdichten Plane am Rande des Wassers zu picknicken und unsere Münder im Einklang mit zwei auffallend gemusterten Fischen zu öffnen und zu schließen, die Elspeth aus einer Laune heraus Edmond und Ruth getauft hat, nach einem Onkel und einer Tante von ihr, die sich, wie sie mir sagt, in einer Klinik für Atemwegserkrankungen kennen- und liebenlernten.

Freilich sind wir außerstande, den beiden fraglichen Fischen eindeutig ein Geschlecht zuzuordnen, aber wie ich Elspeths Erzählungen entnehme, war diese Unterscheidung im Falle ihrer Tante nur geringfügig weniger verschwommen, so daß dies vielleicht keine allzu große Rolle spielt.

Im Verlauf unserer Fahrt zum Schloß Dampney Hall entdeckte ich ein Schild, das mir die Anregung zum Thema meines heutigen Briefes an Sie vermittelte. Zwar kann ich nicht behaupten, dies sei in irgendeiner Weise mit dem Erlebnis auf der Straße nach Damaskus zu vergleichen, zumal Elspeth und ich zum fraglichen Zeitpunkt auf der Shipley Avenue unterwegs waren, aber ich bin dennoch der Ansicht, daß es sich für manche als hilfreich erweisen könnte.

Das fragliche Schild befand sich über der Einfahrt zu einer jener Tankstellen, an denen, wie mir eine undeutlich nagende Erinnerung nahezulegen scheint, die Angestellten einen gewissen Teil ihrer Arbeitszeit damit verbringen, nach der Stoppuhr aufgeregt um die Autos ihrer Kunden herumzutanzen, sämtliche Reifen zu wechseln, die Scheiben zu polieren und dem Fahrer ein erfrischendes Getränk samt Strohhalm zu servieren, aber es könnte auch sein, daß diese Erinnerung mich trügt.

(Es stimmt, daß ich manchmal geistesabwesend bin. Elspeth, die über einen scharfen Witz verfügt, meint, daß ich eines Tages noch ohne Taschentuch aus dem Haus gehen werde! Doch diese bizarre Eventualität dürfte wohl kaum jemals eintreten, da die gute Elspeth diese Bemerkung jedes einzelne Mal von sich gibt, wenn ich unser Haus verlasse.)

Auf dem Schild stand folgendes:

> **ÖL WASCHEN**
> **LICHT BREMSEN**
> **REIFEN**

Und, Freunde, ist es nicht so, daß genau diese Dinge durch den Heiligen Geist in unser Leben kommen? Er salbt unser Haupt mit ÖL; er WÄSCHT uns rein von aller Sünde; er BREMST unsere sündigen Triebe; er erfüllt unser Leben mit LICHT; und er läßt uns REIFEN in der Beziehung zu dem, der sozusagen unser Chefmechaniker ist.

Stellen wir uns selbst die folgende Frage, meine sehr verkehrten Freunde. Würde er, der Chefmechaniker, uns gewissermaßen über einem Reparaturschacht parken und von unten eine eingehende Untersuchung unserer Unterseite durchführen, was würde er wohl dort sehen? Würde er große Rohr-Enden sehen, die dringend der Aufmerksamkeit bedürfen, wichtige Teile, die kurz davor sind, abzufallen, ausgeleierte Gewinde, die nicht mehr zum Schrauben taugen, und Stoßdämpfer, die schlaff durchhängen und alle Elastizität verloren haben? Und was, Freunde, wenn er unsere Haube emporheben und darunterspähen würde? Wären unsere Anschlüsse sauber, unsere Ölwannen gefüllt und unsere Flüssigkeiten alle auf dem Höchststand? Wer weiß. Ich bin mir nicht sicher, ob es bei mir so wäre.

Halten wir alle willig still, damit er, der unsere inneren Funktionen am besten kennt, uns von Stoßstange bis Heck überholt, bevor wir durch die Waschstraße der Absolution fahren, wobei wir freilich nicht vergessen dürfen, die Fensterscheiben der Versuchung und der zukünftigen Absichten fest hochzukurbeln. Vielleicht wird uns dann der Chefmechaniker die TÜV-Plakette der geistlichen Straßentauglichkeit verleihen, damit wir im Versicherungsbüro unserer örtlichen Gottesdienststätte den Versicherungsaufkleber erwerben können, den wir an der Windschutzscheibe unseres öffentlichen Lebens anbringen.

Übrigens, nur noch eine kurze Bemerkung zu meinem freien Tag.
Ich beabsichtige, mich von nun an jeden Dienstag an einem Ort außerhalb des Pfarrbezirks aufzuhalten, da ich den Wunsch habe, mich an diesem ganzen Tag völlig meinem geliebten Wein zu widmen.
Vom Schreibtisch Ihres Pfurrers
***Richard Harcourt-Smelly***

# Gebete für den Monat

### Ein Brief an Gott von Rosemary Galt

**Lieber Vater,**
*vergib mir, daß ich Dich so nenne, da Du ja wahrscheinlich gar nicht weißt, wer ich bin, aber oh, es tut mir schrecklich leid, das klingt ja, als würde ich nicht daran glauben, daß Du – wie heißt das noch gleich? – ach ja, allwissend bist. Das glaube ich. Daß Du allwissend bist, meine ich. Es ist nur, weißt Du, daß ich, na ja, mir nicht wichtig genug vorkomme, um ein Teil Deines, Du weißt schon, Deines Reiches zu sein. Oje, das klingt, als ob ich nicht glauben würde, daß Du mächtig genug bist, um das möglich zu machen, aber das glaube ich wirklich, nur daß – ach, daß ich einfach so ein – ein schlechter Mensch bin. Damit meine ich nicht, daß ich nicht glaube, daß Jesus für mich gestorben ist und so. Das tue ich! Das tue ich! Das muß sich eben sehr undankbar angehört haben, aber das sollte es gar nicht, denn das bin ich nicht. Tut mir leid, das habe ich nicht sehr gut ausgedrückt, nicht wahr?*
*Was ich sagen wollte, war, daß ich nicht undankbar bin. Ich bin dankbar – ehrlich, das bin ich. Es ist nur, daß ich nicht immer das Gefühl habe . . . Na ja, warum denke ich immer, daß alle anderen gerettet und fein raus sind und so, nur ich nicht? Übrigens, als ich sagte, daß ich ein schlechter Mensch bin, wollte ich damit nicht andeuten, daß ich irgendwie auf eine besondere Weise schlechter bin als die anderen, nur daß ich irgendwie das Gefühl habe, es wäre so, und deshalb manchmal sehr niedergeschlagen bin. Tut mir leid! Das hätte ich nicht sagen sollen, nicht wahr? Christen haben allen Grund zur Freude, das weiß ich ja, und deshalb bin ich auch irgendwo ganz tief in mir sicher, daß ich voller Freude bin, natürlich bin ich das. Aber ab und zu sollte man doch auch etwas davon spüren, oder? Na ja, vielleicht auch nicht. Jedenfalls, danke für – für na ja, für alle Leute in St. Yorick's. Sie sind alle nett. Oje, das hört sich abgeschmackt an, nicht wahr? Wie dumm von mir. Bitte vergib mir – na ja, natürlich vergibst du mir. Vergib mir – ich meine – ich meine, na ja, jedenfalls ...*
*Viele Grüße Deine Rosemary*

# WUNDER ERKLÄRT

## 1 Die Münze im Mund des Fisches

„Damit wir ihnen aber keinen Anstoß geben, geh hin an den See und wirf die Angel aus, und den ersten Fisch, der heraufkommt, den nimm; und wenn du sein Maul aufmachst, wirst du ein Zweigroschenstück finden; das nimm und gib's ihnen für mich und dich."

Matthäus 17,27

Was für eine hübsche Geschichte das doch ist, und für mich wird sie noch hübscher, wenn wir verstehen, was da in Wirklichkeit vor sich ging. Aus dem griechischen Originaltext dieses und anderer, ziemlich willkürlich aus dem Kanon ausgeschlossener Evangelien sowie weiteren zeitgenössischen Quellen scheint mir deutlich zu werden, daß Jesus vor seiner dreijährigen Wirkungszeit nicht, wie allgemein gemutmaßt wird, ein Zimmermann war, sondern der Besitzer eines Wanderfischzirkusses.

In jener Zeit gab es eine ganze Reihe jener reisenden Meerestierdompteure, Männer, die ein ganzes Team dressierter Fische in eigens gefertigten wasserdichten Ledersäcken von Ort zu Ort transportierten. Ein beim Publikum, das sich dazu stets zahlreich zusammenscharte, sehr beliebter Trick war der, bei dem ein dressierter Fisch aus dem Wasser sprang, um eine von einem Zuschauer in die Luft geworfene Münze aufzufangen. Auf ein Befehlswort hin ließ dann der Fisch die Münze in die Hand des Zirkusbesitzers fallen, der sie behalten durfte.

Als Jesus erkannte, daß sein Verkündigungsdienst nun beginnen würde, wird er zweifellos zunächst all seine dressierten Fische zurück in den See Genezareth entlassen haben, wobei er sich die Stelle für künftige Bedarfsfälle genau merkte.

Während der folgenden Wochen und Monate gingen fraglos die Ortsansässigen mit ihren begeisterten Kindern hinunter an jenen Teil des Seeufers, um jenen Fischen Münzen zuzuwerfen.

Fische sind viel intelligenter, als allgemein angenommen wird. Wie die meisten Hunde genießen auch sie das Rampenlicht und vergessen niemals einen einmal gelernten Trick. Als die Frage des Steuernzahlens zur Sprache kam, sagte Jesus einfach zu Petrus, er solle hinunter zu der Bucht gehen, in der er sein Artistenteam freigelassen hatte, um einen bestimmten Befehl laut auszurufen oder „die Angel auszuwerfen", wie offenbar der zeitgenössische Ausdruck lautete.

Auf diesen Ruf hin muß mindestens einer der dressierten Fische hinunter zum Grunde des Sees geschwommen sein, um eine jener Münzen zu holen, die von Kindern hineingeworfen worden waren, um dann an der Stelle des Ufers aufzusteigen, wo Petrus wartete. Alsdann wird der getreue Jünger den Fisch behutsam mit der Hand „gefangen" und ihm die Münze aus dem Maul genommen haben, bevor er den ehemaligen Artisten wieder ins Wasser entließ.

Für mich ist das Schöne an diesem „Wunder" nicht so sehr, daß Petrus eine Münze im Maul eines Fisches fand, was sich, wie wir gesehen haben, leicht erklären läßt, sondern der erstaunliche Vorausblick für eine solche Eventualität Vorsorge trug.

# Briefe an die Redaktion

**Sehr geehrte Damen und Herren,**

mit Interesse habe ich den Limerick zum Thema „Hölle" in der letztmonatigen Ausgabe des „Schädels" gelesen, und ich möchte nur anmerken, daß jeder, der nicht an die Hölle glaubt, nicht sehr viel Zeit im Pfarrhaus verbracht und ebensowenig eine der Ansprachen des Pfarrers zu diesem Thema von Anfang bis Ende angehört haben kann.

*Colin Vasey (Kirchenvorsteher)*

**Sehr geehrte Damen und Herren,**

wir sind sechs wiedergeborene, geisterfüllte, zweifach gesegnete, vollmächtig gesalbte junge Leute, die regelmäßig die Gemeinde St. Yorick's besuchen, und wir möchten Ihnen mitteilen, daß wir meinen und glauben, daß auch wir, wie alle anderen, Gelegenheit erhalten sollten, unserer Meinung über die Gemeinde Ausdruck zu geben. Werden Sie uns in der Ausgabe des nächsten Monats das Wort erteilen? Oder wird der Geist von abgetakelten alten Schwachköpfen erstickt werden, die meinen, sie wüßten alles, nur weil sie schon seit Ewigkeiten herumlaufen und wir noch jung sind?

Hochachtungsvoll

*(in alphabetischer Reihenfolge)*
*Hugh Danby, Sarah Forrest, Adam Galt,*
*Dorothy James, Sue Miles, Jacob Westbrock*

---

## Christlicher Buchhalter

sucht Partnerin
mit säkularer Einstellung zum Geschäft
und christlicher Einstellung zum Partner.

**Zuschriften an:**
**Der Schädel, Postfach 4**

# DIÄT-TIPS

Diesen Monat antwortet George Pain auf Marcia Daniels' Diätbeispiel und macht seinen eigenen Alternativvorschlag

Wissen Sie, ich will ja nicht ausfällig werden, aber ich finde Frauen wie die aus dem „Schädel" vom letzten Monat, die offenbar dabei ist, ein Restaurant namens „Zum Schmalhans" zu eröffnen, ungefähr so sexy wie einen Plastikgartenzwerg. Ach, wie erwachsen und vernünftig und aufgeweckt und mit kotzgrünem glänzendem Zeug bedeckt und erstaunlich für ihr Alter. Ich weiß nicht, wie es Ihnen geht, aber ich wäre lieber dick und dumm und würde wegen Unbeweglichkeit beim Vortanzen durchfallen, als so zu sein. Hier ist die Art Diät, bei der ich sofort dabei wäre:

## FRÜHSTÜCK
### (SPÄT)

Zwei große Schüsseln Schokomüsli mit extra Zucker und Vollfettmilch. Bratwürstchen, gebratener Speck, gebratene Eier (3), gebratene Tomaten, gebratenes Brot, gebratene Pilze und Bohnen. Dasselbe noch mal. Hektarweise dickes Toastbrot mit kellenweise herumschwimmender und im honiggoldenen Toast versickernder Butter, bestrichen mit Honig oder Marmelade oder goldenem Sirup oder Brombeergelee. Sieben oder acht große Pötte Kaffee mit jeweils drei gehäuften Teelöffeln Zucker.

**Kein Sport.**

# MENÜ

## MITTAGESSEN
### (IN DER KNEIPE)

Sechs Halbe vom feinsten Bitter. Eine doppelte Portion Fleischpastete mit Pommes. Eine Salatschüssel Mousse au Chocolat. Noch ein paar Halbe.
**Kein Sport.**

## ABENDESSEN

Vorspeise: Vier Scheiben Knoblauchbrot, dick mit Tomatensauce bestrichen. Grillteller: Steak, Speck, Lammkoteletts, Schweinefilet und Schinken mit einer doppelten Portion Pommes (groß), kein langweiliges Gemüse, vier weitere Scheiben Knoblauchbrot und sechs kleine Fleischpasteten, um die Ritzen zu füllen.
Nachtisch: Erdbeersahnetorte, Trifle mit Sahne, Auswahl von Törtchen, Biskuitteig mit Vanillesauce und mindestens ein frisches Schokoladen-Éclair. Kübelweise kräftiges Bier.
**Immer noch kein Sport.**

## TEE
### (IM CAFÉ AUF DEM HEIMWEG VON DER KNEIPE)

Diverse Sandwiches. Doppelte Portion Country Cream Tea: Vier Hefebrötchen, frische Butter direkt vom Bauern, Himbeerkonfitüre und frisch geschlagene Sahne. Mindestens zwei Stück Buttercremetorte. Tee bis zum Abwinken (drei Stück Zucker pro Tasse).
**Kein Sport.**

## BETTHUPFERL

Alles, was noch vom Abendessen übrig ist (soll das ein Witz sein?). Whisky, schweres Früchtebrot und Cheddar-Käse. Schokoladenriegel.
Mit einem Tablett Vollmilch und Marmite-Sandwiches ins Bett fallen.

**Das war's! Vergeßt den Hintern und die Schenkel!
Das nenne ich eine Diät!**

# Waschen Sie Ihre
# SCHMUTZIGE WÄSCHE
## mit Simon Bleach

Lieber Simon,

ich frage mich, ob Sie wohl so freundlich wären, in einer kleinen Meinungsverschiedenheit, zu vermitteln, die meine Frau Sheena und ich schon seit einiger Zeit zu überwinden versuchen. Es geht um einen Vorfall, der sich vor einigen Jahren zutrug, bevor wir in diese Gegend zogen. Damals war ich sehr engagiert bei Teen-Quest, der Jugendgruppe der Gemeinde, zu der wir damals gehörten. Die meisten Mitglieder dieser Gruppe waren sehr nette junge Leute, aber ich muß zugeben, daß der eine oder andere Probleme mitbrachte, mit denen nicht leicht fertig zu werden war.

Ich selbst reagierte auf diese schwierigeren Jugendlichen so, daß ich mich bemühte, ihren Hintergrund und ihre Lebensumstände zu berücksichtigen, um ihnen gegenüber einen möglichst barmherzigen Standpunkt einzunehmen, während Sheena stets das Hängen als praktikabelste Art des Umgangs mit diesen Unglücklichen befürwortete.

Natürlich meinte Sheena das im übertragenen Sinne und ein wenig scherzhaft. Ihr war durchaus klar, daß die Todesstrafe in unserem Land abgeschafft wurde und daß auf das Verbrechen, anderen den letzten Nerv zu rauben, noch nie die Todesstrafe stand.

Aber ich schweife ab.

Da gab es insbesondere einen Jungen namens Steve, wirklich ein sehr bedürftiger junger Mann, oder, wie Sheena es in ihrer viel direkteren Art ausgedrückt hätte, eine kleine, schmierige Nervensäge erster Ordnung.

Steve verbrachte eine Menge Zeit in unserem Haus, und er suchte ständig Hilfe bei uns in Form von Geld und gutem Rat und Geld und Essen und Obdach und – nun ja, Geld.

Eines Samstags kamen die Dinge auf die Spitze, als Steve uns einen unerwarteten Besuch abstattete, in dessen Folge Sheena mir das Versprechen abnahm, ihn in einem Brief für sein Verhalten an jenem Tag zurechtzuweisen und die Rückgabe eines uns gehörenden Gegenstandes zu verlangen, den er nach Sheenas Überzeugung aus unserem Wohnzimmer entwendet hatte. Da sie nicht sicher war, ob ich mich in meinem Brief bestimmt genug ausdrücken würde, schrieb Sheena ebenfalls an Steve, zeigte mir allerdings erst hinterher eine Kopie dessen, was sie geschrieben hatte.

Ich war immer der Meinung, daß mein Brief, den ich eigentlich ziemlich nachdrücklich fand, als Antwort an einen Jungen von achtzehn Jahren angemessener war als Sheenas, und ich habe mich gefragt, ob Sie wohl beide Briefe, von denen ich Abschriften beilege, einmal lesen und uns Ihre Ansicht zu der Sache wissen lassen könnten.

## Grahams Brief

Lieber Steve,

nur ein kurzer Gruß, um Dir zu sagen, wie sehr Sheena und ich unsere Zeit des Austauschs und der Gemeinschaft mit Dir am Samstag genossen haben.

Das war wirklich eine gelungene Überraschung, Du Lausebengel, uns zu besuchen, bevor wir überhaupt aufgestanden waren, aber was nützt es uns Christen schon, die ganze Woche über so hart zu arbeiten, wenn wir dann nicht einmal mehr einen früh aufstehenden Bruder wie Dich fröhlich begrüßen könnten?

Das hast Du wirklich gut hingekriegt, daß Du sogar den Weg hinauf ins Schlafzimmer gefun-

### Örtliche Redensarten
Eingesandt von
Mrs. Pitcher, der Mutter des Herausgebers

*„Fließt glühende Lava den Hang herab, hau ab."*

den und Sheenas neue Lobpreis-CD auf volle Lautstärke angestellt hast, als wir noch fest schliefen. Was für ein Spaß! Wer will da noch behaupten, Christen verstünden es nicht, sich eine fröhliche Zeit zu machen?

Du hast mich gefragt, Steve, ob ich mich darüber geärgert hätte, daß Du die Glasscheibe in der Hintertür zerbrochen hast, um hindurchzugreifen und Dich hereinzulassen.

Sieh mal, Steve, mein Junge, ich möchte Dir danken, daß Du mir die Herausforderung geboten hast, auf diese Tat zu reagieren. Anfangs gab es ein paar negative Bereiche in meiner Reaktion, an denen ich ein wenig arbeiten mußte, aber ich konnte schon recht bald in einen Raum vordringen, in dem ich mich darüber freute, daß Du soviel Vertrauen zu Sheena und mir hattest, uns mit Deiner Impulsivität zu beschenken.

Oh, und sicher möchte Sheena, daß ich Dich ausdrücklich um Vergebung für die Serie lauter, schriller Schreie bitte, die sie ausstieß, als du uns wecktest. Sheena ist wirklich ein prima Kerl, das weißt Du, aber sie ist nicht immer gleich für jeden Spaß zu haben.

Na, wir haben jedenfalls mächtig reingehauen, nicht wahr, Steve? Sheena sagt oft, es ist einfach schön, für jemanden zu kochen, dem sein Essen so richtig schmeckt, und das kann man von Dir wohl behaupten, was, Steve? Das meiste hat Dir auch geschmeckt, stimmt's?

Aus was für einem herrlichen, unerschöpflichen Fundus an Streichen Jungs wie Du doch schöpfen können. Als Du herüberlangtest und den größten Teil von meinem Fleisch auf Deinen Teller schaufeltest und dann dasselbe bei Sheena machtest, da war ich kurz davor, mein „Cross-Mister-Grumpy"-Gesicht aufzusetzen, wie es die jungen Rangen bei Teen-Quest immer genannt haben.

Doch dann fiel mir ein, wie Du uns (an jenem ganz besonderen Abend, als Du uns die ganze Tiefe Deines Herzens ausschüttetest) erzähltest, wie Du als ganz kleiner Kerl gezwungen wurdest, Deine eigenen Schuhe zu essen. Danke, daß Du unser Steak gegessen hast, Steve. Auf eine ganz kostbare Weise waren wir es Dir schuldig.

Nur noch ein kurzer Gedanke, bevor ich Schluß mache vielleicht erinnerst Du Dich an eine kleine Dekoration, die immer am einen Ende unseres Kaminsimses steht. Es ist eine Art Rahmen mit drei Gold-Sovereigns unter Glas. Die Sache ist die, daß es verschwunden ist – und zwar just, seit Du am Samstag gegangen bist.

Falls Du es Dir ausgeliehen hast, um es einem Kumpel zu zeigen, prima, oder vielleicht bist Du versehentlich dagegengestoßen, und das Ding ist Dir in die Tasche gefallen und steckt jetzt da, ohne daß Du es bemerkt hast. Wie auch immer, es wäre super, wenn wir es wiederhaben könnten.

Okay, Steve, wir sehen uns während der Woche in St. Peter's. Gottes Segen,
Graham und Sheena

## Sheenas Brief

Steve,
na gut, Du diebisches kleines Stück wurmzerfressener Abschaum. Bring unser Zeug zurück, oder ich komme Dir mit einem rostigen Rasiermesser. Ich weiß, wo Du wohnst. Und ich warne Dich: Wenn danach Deine verschlagene kleine Visage noch einmal meinem Haus, meinem Mann oder mir zu nahe kommt, werde ich ihr mit dem größten, schwersten, rauhesten stumpfen Werkzeug, das ich finden kann, eine radikal neue Form geben – in Liebe.

                 Sheena

Nun, das waren die beiden Briefe, und ich wäre, wie gesagt, sehr dankbar für Ihre aufrichtige Meinung.
Mit vorzüglicher Hochachtung,
      **Graham Letterworth**

*Lieber Graham,*
*ich bin so froh, daß es Leute wie Sie auf der Welt gibt, aber jeder Graham braucht eine Sheena, so wie auch jedes Weichtier seine Schale braucht. Vielleicht repräsentiert Ihr beide die Zwillingsgesichter von Gesetz und Gnade. Ich persönlich hätte ihr das rostige Dingsda geschliffen, aber ich bin ja auch kein Graham ...*
      *Simon*

# Lyrik Ecke

### Die Agonie der Schmerzlosigkeit
#### Von Alvin Gore

*Der schwarze Regen,
der sich ergießt
in einen Fluß voller Blut
wird in die Gedärme
der Erde gespült
als böse, grell gleißende Glut
Das ist für mich Freude.*

*Die zornige Sonne explodiert
Heiße, sengende Scherben
fall'n auf die sich duckende
Menschheit herab
und bringen ihr das Verderben
das ist für mich Freundlichkeit.*

*Kochend tritt über die Ufer
das Meer
Das Trockene schmilzt und schreit
bis es erstarrt in bizarrer Gestalt
von gespenstischer Grausigkeit
Das ist für mich Frieden.*

*Durchs Weltall zieht ein
klagendes Lied
Ein urweltlich qualvolles Heulen
hallt durch die verlass'ne
Ruinenwelt
leerer Schädel, zerschlagen
mit Keulen
Das ist für mich Fürsorge.*

# Valentinsgrüße

**Würde die ältere, attraktive Dame,**
die seit dreißig Jahren in der Kirche St. Yorick's den Fensterplatz in der dritten Reihe von vorne rechts, von hinten gesehen, einnimmt, mit dem distinguierten Herrn passenden Alters, der seit ähnlich langer Zeit auf dem Platz am Gang in der vordersten Reihe auf der linken Seite zu sitzen pflegte, Namen und Adressen austauschen? Sollte sie an einem solchen Projekt interessiert sein, wäre am ersten Sonntagsgottesdienst des Monats ein kurzes Treffen in der Scheitelkapelle möglich, zu einem Zeitpunkt, wo nichts von Wichtigkeit passiert, etwa während des Friedensgrußes.

**Geistlich passender Partner**
gesucht für Freundschaft und mögliche Heirat von alleinstehender charismatischer Dame, 25. Keine Zungen beim ersten Treffen.
*Zuschriften an den Schädel, Postfach 9.*

**Dreißigjährige,**
unbeschreiblich dicke, aggressive Frau ohne jeden Sinn für Humor sucht alleinstehenden anglikanischen Mann im Bereich Gently Down. Muß im Vollbesitz seiner geistigen Kräfte sein.
*Zuschriften an den Schädel, Postfach 3.*

**Großer grauer Daddy-Bär**
bittet seinen Schnuckiputzi-Mami-Bär um Verzeihung, daß er sie in der Bärenhöhle neulich abends angeknurrt hat wie ein wilder, böser Bär. Komm schnell zurück zu Daddy, damit wir wieder in den Kuschel-Wuschel-Wald gehen und süßen Honig sammeln können. Daddy-Bär wird seinen scheußlichen, heißen Haferbrei nicht anrühren, bis Mami-Bär hier ist und mit ihm den Löffel teilt.

# ANSCHLAGBRETT

## GOTTESDIENSTE

### SONNTAG
8.00 Uhr Kommunion
9.30 Uhr Filialengottesdienst
11.00 Uhr Morgengebet
18.30 Uhr Abendgebet

### MITTWOCH
10.30 Uhr Kommunition

---

**George Pain** bittet darum, eine offene Einladung an die Gemeinde zur Valentinsparty am Freitag, dem 14., in seiner Maisonnette auszusprechen. Er bezeichnet die Veranstaltung als Buddel-/Essen-/Musik-/Stuhl-/irgendeine-Art-Heizung-/alleinstehende-Frauen-Party. Für die Luft sorgt der Gastgeber.

---

Ein besonderer Gottesdienst zum Beginn der Fastenzeit findet am Mittwoch, dem 19. Februar, um 19.30 Uhr statt. Wie üblich ist der Pfarrer gern bereit, allen, denen dies ein Bedürfnis ist, den Haschsegen zu spenden.

---

## DER JUGENDCLUB VON ST. YORICK'S

trifft sich am Freitag, dem 21. Februar, im Gemeindesaal zu einer Pfannkuchen-Party. Die Eltern werden gebeten, ihren Kindern Bier in möglichst reichlicher Menge mitzugeben.

---

Das Treffen

### des Frauenkreises

im Februar findet wieder bei Mrs. Tyson statt:

36 Butterwick Avenue
um 19.00 Uhr
am Donnerstag, dem 20.

Diesen Monat wird Ethel Cleeve auf ihr eigenes großzügiges Anerbieten hin den gesamten Abend opfern, um uns von ihrer umfangreichen ehrenamtlichen Tätigkeit zu berichten. Unsere Begeisterung läßt sich kaum in Worte fassen. Danke, Ethel, aus dem tiefsten Herzen unseres Grundes.
**Die Damen werden gebeten, die neue Früchtetee-Regel zu beachten.**

---

Hochzeitsglocken werden am Samstag, dem 5. April, zu hören sein, wenn Stanley Wood (eine Hälfte des berühmten Duos „Stan 'n' George" aus Gently Down) die seit kurzem approbierte Ärztin Mary Tyson heiratet, deren Mutter bei vielen Gelegenheiten als Gasgeberin unseres Frauenkreises fungierte. (Als Konfetti kann der Inhalt von Früchtetee-Beuteln benutzt werden.)

# KINDER-ECKE

Hallo, Kinder,

hier kommt wieder Eure Tante Audrey Pellet zu Besuch und bringt Euch etwas Lustiges für Eure ganz eigene Ecke in Mr. Pitchers Kirchenzeitung mit.

Mr. Pitcher wird mit einem Wort benannt, das Ihr bestimmt nicht kennt. Er ist ein Redakteur, und das ist jemand ganz Wichtiges. Hoffen wir, daß Du, wenn Du je das Glück hast, ihm zu begegnen, ihn – wenn Du ein kleiner Herr bist mit einer artigen Verbeugung begrüßt, und wenn Du eine kleine Dame bist, mit einem hübschen Knicks. Sicher freut sich Mr. Pitcher genauso sehr über ein höfliches und wohlerzogenes Kind wie Eure Tante Audrey.

Oh, höre ich Euch sagen, was das angeht, wollen wir gern unser Bestes tun, aber was gibt es denn heute für ein Spiel? Ach, Ihr Kleinen, Er, der aus der Höhe alles beobachtet, was wir denken und tun, will keine ungeduldigen kleinen Mädchen und Jungen, sondern solche, die voll Achtung einer ernsten Lektion zuhören und gerne auf den Spaß am Ende warten, bis es soweit ist. Nun, ich glaube und hoffe, daß Ihr jetzt die Lektion gelernt habt; also laßt uns mit dem Spiel beginnen!

Schaut Euch das Bild an, das Tantchen Euch heute zeigt. Hier ist ein Junge von rauher Herkunft, der eigentlich einen Beruf lernen oder Lesen und Schreiben üben sollte. Seine Kleider sind zwar abgetragen, aber doch offenbar sauber und warm, so daß wir vermuten dürfen, daß irgendwo in einem baufälligen kleinen Häuschen eine dunkeläugige Mutter sitzt, die ihren kleinen Mann liebhat und ängstlich darauf wartet, zu hören, wie es ihm heute ergangen ist.

Und genauso ist es, meine Kleinen. Und sie ist so traurig, weil ihr Mann, der der Trunksucht verfallen ist, sie verlassen hat, und nun stirbt sie an Hunger und Tuberkulose (bittet Eure Mama, Euch zu helfen, das Wort in Papas Wörterbuch nachzuschlagen).

Diese Dame, ihr Name ist Mrs. Wickens, sehnt sich danach, daß ihr Sohn Jed nach Hause kommt, ihr die fiebrige Stirn kühlt und ihr davon erzählt, was er heute gelernt hat.

Doch ich glaube, sie wird vergeblich warten, denn jener Junge, der ihr alles bedeutet, ist gerade dabei, ein Gesetz und ein Gebot zu brechen, und wird schon bald von einem Gesetzeshüter in Gewahrsam genommen werden.

Und bevor er in jenes kalte, lichtlose Häuschen zurückkehrt, wird die liebe Mutter, die jeden Abend für ihren Jungen gebetet hat, ihre müden Augen für immer geschlossen haben und an einen Ort gegangen sein, wo es keinen Hunger und keinen Schmerz mehr gibt und wo sie dem wunderschönen Gesang der Engel lauschen kann.

Und nun zu unserem Spiel. Seht Ihr, wie auf unserem ersten Bild der böse, gedankenlose Jed einige Äpfel aus einem Garten an der Straße entwendet und in eine Tasche gesteckt hat, die er sich über die Schulter geschlungen hat, während er vom Ort seines schändlichen Verbrechens flieht?

Zwar hat er nicht alle Äpfel von dem Baum gepflückt, aber fürchtet Ihr nicht auch, so wie ich, daß das nur daran liegt, daß in der Tasche kein Platz mehr war? Ja, einige seiner unrechtmäßig erworbenen Beutestücke sind sogar aus der Tasche auf die Straße gekullert und werden wohl wahrscheinlich schon von der nächsten Kutsche, die vorbeikommt, zermalmt werden. Oh, Jed Wickens, wenn jene schmerzumwölkten Augen dich jetzt sehen könnten!

Rechenaufgaben sind ernste Dinge, nicht wahr, Kinder? Aber hier habe ich ein paar, die mit unserem Bild zu tun haben, und deshalb dürfen wir sie diesmal ruhig als Spaß nehmen. Rechnet sie sauber auf Papier, das Ihr Euch höflich von Mama erbeten habt, und dann dürft Ihr ganz unten auf dieser allerletzten Seite in Mr. Pitchers Zeitung nachsehen, ob Ihr es richtig gemacht habt.

---

1. Wie viele Äpfel siehst Du in der Tasche des bösen Jed?
2. Wie viele Äpfel bleiben übrig, wenn man die Zahl der Äpfel auf der Straße von der Zahl der Äpfel in der Tasche des frechen Jungen abzieht?
3. Wie viele Äpfel hängen noch an dem Baum, den der gedankenlose Jed geplündert hat?
4. Wenn Du die Zahl der Leute, die in Jeds Haus wohnten, bevor sein Vater die Familie verließ und seine Mutter zu den Engeln ging, von der Zahl der Äpfel im Beutel des undankbaren Jed abziehst, wieviel bleibt dann übrig?

---

**Antworten auf Tante Audreys lustige Rechenaufgaben**

(1) Es sind acht Äpfel in der Tasche des bösen Jed. (2) Vier Äpfel würden übrigbleiben. (3) Sechs Äpfel hängen noch am Baum. (4) Fünf heißt die richtige Antwort auf die Frage.

# DER SCHÄDEL

**MÄRZ**

Gemeindezeitung der Pfarrei St. Yorick's, Gently Down

**Wie meine Tante Rosalinde, ist März bekannt für starke Winde**

**GLAUBE IN AKTION**

„... und das Fest der Ernte, der Erstlinge deiner Früchte, die du auf dem Felde gesägt hast ..."

2. MOSE 23,16

**PFARRER:** REVERERICHARD HARCOURT-SMEDLEY D.D. TEL.: 569604
**VIKAR:** REVEREND CURTIS WEAVLORM B.D. TEL.: 563957
**KIRCHENVORSTECHER:** MR. C. VASEY B.A. TEL.: 563749
**PFARRSEKRETÄRIN:** MISS CHRISTINE B. FITT K.E.B.T. TEL.: 569604
**SCHÄDEL-BEITRÄGE AN HENRY PITCHER, 3 FOXGLOVE ROAD: 563328**

# Ein Brief des Pfarrers

## Diebe Gefeinde,

zu meinem größten Bedauern kann ich Ihnen diesen Monat nicht schreiben, ohne es zu vermeiden, Ihnen Kenntnis von gewissen nicht sehr erfreulichen Bemerkungen bezüglich der Aktivitäten des Jugendclubs von St. Yorick's anläßlich seiner letzten Zusammenkunft zu geben.

Natürlich sollten uns allen die gemeindebezogenen Aktivitäten unserer lieben Jugendlichen sehr am Herzen liegen, aber meinerseits besteht doch ein Rest an Zweifeln, ob die Praxis, frisch gebackene Pfannkuchen als Frisbees zu verwenden, während man im begrenzten Raum unseres Gemeindesaals auf, wie ich glaube, Skirtboard genannten Geräten herumfährt, die geistlich förderlichste Aktivität ist, die sich Jugendkreisleiter einfallen lassen können. Wie mir berichtet wurde, sah der Saal am Samstag morgen nach der fraglichen Veranstaltung ausgesprochen paniert aus.

Auch halte ich persönlich nicht viel von der willkürlichen Abänderung von Bekanntmachungen am internen Schwarzen Brett am Eingang zum Saal. Die fragliche Bekanntmachung hatte ursprünglich gelautet:

> **TEE, KALTE GETRÄNKE UND KUCHEN STEHEN AM SONNTAGABEND NACH DEM GOTTESDIENST FÜR ALLE IM HAUS VON MR. G. CLARK, DEM LEITER DES JUGEND-CLUBS, BEREIT.**

Diese vollkommen klare und verständliche Mitteilung war grob gelöscht und durch die folgende, in großen, gekritzelten Buchstaben abgefaßte Nachricht ersetzt worden:

> **PINKELPAUSE BEI NOBBY**

Eine bestimmte Sorte juveniler Geister mag eine solche alberne Verkürzung amüsant finden. Ich aber nicht, und ich muß betonen, daß eine Wiederholung derartiger Vulgaritäten eine ernste Debatte über die zukünftige Verfügbarkeit des Gemeindesaales für Aktivitäten der Jugend nach sich ziehen könnte.

Als gute Neuigkeit darf ich vermelden, daß sich vom nächsten Monat an im Gemeindesaal regelmäßig eine Krabbelgruppe treffen wird. Wie gern heißen wir diese Kleinen willkommen, die, wie uns gesagt wird, mit ihrer fröhlichen Spontaneität und ihrem harmlosen Spiel als Vorboten des Himmels agieren. Sind sie nicht wie die kleinen Knospen und Sprößlinge, die, während ich dies schreibe, anfangen, emporzuspießen und aufzugehen und Farbe in unser Leben zu bringen?

Hoffen wir, daß jene älteren Kinder, die es in letzter Zeit an der gebotenen Zurückhaltung mangeln ließen, sich in den kommenden Monaten ein Beispiel an diesen unschuldigen Kleinen mit ihren frischen Gesichtern nehmen werden. Wer würde Ärger oder Schäden durch die Gegenwart dieser niedlichen kleinen Frühlingsgeister erwarten! Wir heißen sie willkommen und vertrauen darauf, daß die älteren Kinder aus ihrem Beispiel lernen werden.

Vom Scheibenwischer Ihres Fahrers,

*Richard Harmclot Smeldy*

# Lyrik Ecke

## Das Vöglein
**Von Lucinda Partington-Grey**

Ein Vöglein zwitschert wohlgemut,
als eine Stimme spricht:
„Setz dich auf diesen festen Zweig
und singe nur für mich."
Das Vöglein sperrt den Schnabel auf
und singt, so laut es kann;
der ganze Wald mit spitzen Ohr'n
hört sich dies Liedchen an.
„Was singst du denn so laut und schön?"
so fragt der Dachs ganz leise,
„Damit", so spricht das Vöglein,
„ich meinen Heiland preise."
Da holt der Dachs der Freunde Schar
von überall hervor
und ruft: „Kommt alle her und singt
mit mir im Waldeschor!"
So wie die Tiere es getan,
auch uns laßt jubilieren
und wie das kleine Vöglein
dem Herren tirilieren.

## Kleider
**Von Alvin Gore**

Kleider machen Leute
Wer hat dich heute morgen
angezogen, Mensch?
Wer hat diese hautenge Haut über
jene schlecht gewählten Knochen
gezogen?
Du hast nur Knochen, schätze ich
Manche sagen, mehr sind wir nicht
Haut und Knochen
Sogar die Dicken
– besonders die Dicken
Ich sage
Wir sagen
Er sagt
Pfeif auf Haut und Knochen
Schau nach deinem Schatz
Schau nach, ob er sicher ist

## Örtliche Redensarten
*Eingesandt von James Portland-Grange*

*„Ein Backstein, den man sauber schrubbt,
sich bald als roter Staub entpuppt."*

# KINDERECKE

Hallo, Ihr lieben Kleinen, hier ist Eure Tante Audrey Pellet, die Euch wieder etwas Lustiges mitgebracht hat.

Weder Du noch Mama, nicht einmal der schlaue Papa, werden erraten können, was für ein köstliches, angeregtes Gespräch Euer Tantchen in der Woche hatte, die heute zu Ende geht.

Es war ein Gespräch, das stattfand, als Tantchen zum Nachmittagstee bei einer Dame aus unserer Gemeinde war, deren Namen ich Euch nicht verraten darf, meine Kleinen.

Es muß genügen, wenn ich sage, daß sie eine sehr vornehme Dame ist, die aus einer sehr hochstehenden Familie stammt, und daß Ihr, wenn Ihr im Wohnzimmer dieser Dame dabeigewesen wärt, Euch ganz besonders gut und brav hättet benehmen und Eure Gurkenbrötchen hättet aufessen müssen, bevor Ihr ein Stück von etwas bekommen hättet, das kleine Leute sehr gern mögen und das mit K anfängt und mit N aufhört, und daß Ihr kein Wörtchen hättet reden dürfen, es sei denn, die vornehme Dame wäre so freundlich gewesen, etwas zu Euch zu sagen.

Ach, meine Schnuckiputzis, wißt Ihr denn, daß es Einen gibt, der sieht und beurteilt, wie alle Kinder in der ganzen weiten Welt sich benehmen? Und sehnt Ihr Euch nicht danach, vor allem anderen Ihm zu gefallen? Nun, da bin ich ganz sicher, aber lest erst einmal, was die Dame zu mir sagte.

„Miss Pellet", sagte sie, „ich bin ganz sicher, daß Sie den jungen Menschen, die Ihre Kinder-Ecke lesen, viel Freude machen, aber könnte nicht jemand einwenden, daß diese Zeit sich mit größerem Gewinn für das Studium eines lehrreichen Buches oder mit Schreib- und Handarbeitsübungen verwenden ließe?"

„Ah", erwiderte Eure Tante Audrey Pellet lebhaft, denn, um die Wahrheit zu sagen, da schien ein Funkeln in den Augen der vornehmen Dame zu sein, „aber finden Sie nicht, daß Kinder auch einmal spielen müssen und nicht immer nur arbeiten?"

Die vornehme Dame neigte zu Tantchens Worten zustimmend das Haupt, und so nehme ich an, daß wir fortfahren dürfen, uns eine schöne Zeit zu machen.

Hier habe ich ein neues, ganz modernes Spiel mitgebracht, das Ihr spielen dürft. Es heißt „Punkte verbinden", und es macht großen Spaß! Hört Tantchen da etwa kleine Händchen, die begeistert klatschen? Ich glaube wohl!

Bitte Mama, Dir freundlicherweise einen von Papas Bleistiften zu überlassen, von einem Erwachsenen gespitzt, und dann mußt Du sorgsam die Punkte auf dem Bild, das für Dich vorbereitet wurde, miteinander verbinden, und zwar in der Reihenfolge der Zahlen, die Du darauf entdecken wirst.

Wenn Du diese Aufgabe vollendet hast, wirst Du sehr überrascht sein, denn wie durch Zauberei wird daraus eine Zeichnung entstehen, die etwas sehr Fröhliches zeigt, nämlich den Ort, wo unsere alten, ausgemergelten Leiber hingelegt werden, wenn wir fortgehen in jenes ferne Land, wo wir goldene Kronen und weiße Kleider tragen werden und niemand mehr unglücklich zu sein braucht.

Die Lösung unseres Rätsels ist wieder unten auf der letzten Seite von Mr. Pitchers Zeitschrift zu finden.

# Waschen Sie Ihre
# SCHMUTZIGE WÄSCHE
## mit Simon Bleach

**?** Lieber Simon Bleach,
ich erhebe energisch Einspruch gegen den Inhalt und die Geschmacklosigkeit der gereimten Zweizeiler, die seit kurzem den Raum unter dem Titel jeder Ausgabe Ihrer Kirchenzeitung „Der Schädel" einnehmen. Ganz sicher bin ich nicht die einzige, die entschieden Anstoß insbesondere an einem Wort mit dem Anfangsbuchstaben „K" nimmt, das in der zweiten Zeile des „Verses" vorkam, der in der Februar-Ausgabe erscheinen durfte. Hätte es nicht aus Rücksicht auf normale, anständige Leute eine zensierte Version auch getan?
**Hilda**

**!** *Liebe Hilda,
das war die zensierte Version.*
***Simon***

• • • • • • • • • • • • • • • • • • •

**?** Lieber Simon,
wann immer ich an all die Dinge denke, deren ich mich im Lauf der Jahre schuldig gemacht habe, mache ich mir große Sorgen, daß Gott mich nicht in den Himmel lassen wird. Ich habe mir eine lange Liste aller Sünden gemacht, die ich je begangen habe, ob sie nun klein oder groß waren, und ich verbringe jeden Tag einige Zeit damit, sie auf meinem Computer zu aktualisieren, um ja keine zu vergessen. Bis Mitternacht am Dienstag standen 3647 Sünden auf meiner Liste. Ich füge eine Kopie bei, damit Sie einen Blick darauf werfen können. Glauben Sie, daß ich in den Himmel darf?
**Graham**

**!** *Lieber Graham,
Nein, nicht wenn Sie darauf bestehen, Ihre langweilige Liste mitzunehmen. Finden Sie nicht, daß Sie eingedenk dessen, worum es in der Fastenzeit gehen soll, vielleicht ein wenig am Ziel vorbeigeschossen sind? Hoppla – Nummer 3648!*
***Simon***

• • • • • • • • • • • • • • • • • • •

**?** Lieber Simon,
wir möchten die unbeschreiblich dicke und aggressive Frau ohne jeden Sinn für Humor, die letzten Monat in der Valentins-Spalte inseriert hat, wissen lassen, daß sie uns nie finden wird. Gezeichnet,
**alle alleinstehenden Männer im Vollbesitz ihrer geistigen Kräfte im Bereich Gently Down**

**!** *Liebe alleinstehende Männer im Vollbesitz Ihrer geistigen Kräfte im Bereich Gently Down,
Ihr könnt fliehen, aber Ihr könnt Euch nicht verbergen ...*
***Simon***

• • • • • • • • • • • • • • • • • • •

**?** Lieber Simon,
mir gefiel die Anzeige der u. dicken & aggr. Fr., die letzten Monat in dieser Einsame-Herzen-Spalte inseriert hat. Wo kann ich sie zu fassen kriegen?
**Ein heimlicher Bewunderer**

**!** *Lieber George,
fast überall, wie es sich anhört, aber Sie haben offenbar übersehen, daß Sie aufgrund der einzigen gestellten Bedingung überhaupt nicht in Frage kommen.*
***Simon***

• • • • • • • • • • • • • • • • • • •

**?** Lieber Simon,
ich würde gerne „Daddy-Bär" für seine Valentinsbotschaft vom letzten Monat öffentlich danken. Ich litt gerade an einer kleinen Magenverstimmung, bevor ich sie las, und seine Worte hatten eine so ungemein emetische Wirkung, daß ich im Handumdrehen alles los war und mich besser fühlte.
**Sid**

**!** *Lieber Sid,
Sie hatten Glück. Mir ging es vorher prima, und ich mußte mich trotzdem übergeben. Ich würde Daddy-Bär am liebsten in eine dieser großen Jagdfällchen mit riesigen Eisenzähnileinchen stecken. Hoffentlich läßt irgend jemand so eine im Kuschel-Wuschel-Wald herumliegen. Das dürfte ihm seinen Haferbrei schon kühlen!*
***Simon***

# Vom Herausgeber

*Liebe Leser,*

*ich mußte lächeln, als ich jenen Brief von den jungen Leuten in der letzten Ausgabe las, Sie nicht? Ist es nicht gut, daß wir so lebendige Leute in unserer Gemeinde haben? Und sicherlich wollen wir keineswegs sie oder den Geist ersticken. Diese sechs jungen Leute haben für die Ausgabe dieses Monats einen Artikel geschrieben, in dem jeder von ihnen Gelegenheit hat, genau das zu sagen, was er oder sie über St. Yorick's und die Art, wie sich das Leben hier abspielt, denkt. Sicher werden unsere Leser diese Bemerkungen hochinteressant finden!*

## Aus den Mündern ...

**Sechs unserer jungen Leute äußern sich offen über das Leben in St. Yorick's**

(In alphabetischer Reihenfolge)

### Hugh Danby

Was ich nicht verstehe, ist, warum die Leute in St. Yorick's ihren Glauben eigentlich gar nicht richtig ausleben. Ich meine, es bleibt alles in langweiligem, wohlanständigem Benehmen stecken, was eigentlich ein sehr schlechtes Zeugnis ist.

Ich möchte niemanden richten, aber ich frage mich, wie viele der alten Leute in der Gemeinde überhaupt wirklich Christen sind. Wenn wir den Heiligen Geist hereinlassen würden, würden eine Menge dieser Namenschristen auffliegen.

Warum kann der Pfarrer den Gottesdienst nicht damit beginnen, daß er den Heiligen Geist aufruft, herabzukommen und die Gemeinde mit Fülle zu überschütten mit den Manifestationen seiner großen Macht, wie sie es in der Exklusiven Lebendigen Gemeinde des Letzten Wortes der Offenbarung ein paar Häuser weiter tun? Bei dem Jugendkreis, den wir bei mir zu Hause angefangen haben, ist es immer so. Gott spricht dauernd direkt zu uns und teilt uns unglaubliche Einzelheiten mit.

Wir haben Zungenrede (gesprochen mit Auslegung und gesungen), Bilder vom Herrn, Worte der Erkenntnis füreinander, Prophezeiungen und unglaubliche Heilungen, und wir spüren deutlich, daß Gott da ist und uns in unserem Lobpreis und unserer Anbetung voranführt.

Ja, ich habe den ganz starken Eindruck, daß das, was ich jetzt schreibe, direkt vom Herrn an die Gemeinde gerichtet ist. Jetzt, wo ich darüber nachdenke, weiß ich sogar, daß es so ist.

### Sarah Forrest

Ich möchte einfach sagen, daß ich gestern Abend so eine Art Bild vom Herrn bekommen habe, das ich ehrlich total wichtig fand. In diesem Bild vom Herrn war Mr. Harcourt-Smedley, der Pfarrer, so etwas wie ein Turner bei den Olympischen Spielen, ja? Er hing an diesem hohen Barren, wo die immer so rundherum schwingen, und er hatte diese volle Kirchenuniform an, die er immer trägt, und er hielt sich mit den Händen fest und schwang sich immerzu um den Barren herum, ganz schnell, und dann kam so eine kräftige, tiefe, gottmäßige Stimme aus den Lautsprechern und sagte: „Wären Turnhosen nicht ein bißchen kühler für Sie?"

Doch Mr. Harcourt-Smedley schwang sich einfach immer weiter herum und wurde immer heißer und heißer, bis er in Flammen ausbrach, und als er aufhörte zu brennen, da war da bloß noch so ein grinsendes Skelett, das sich immer langsamer um den Barren herumschwang, bis es am Ende bloß noch schwankend und ächzend und ein bißchen rauchend dahing, und wenn man in diese traurigen, hohlen, leeren Augenhöhlen schaute, konnte man sehen, daß der Pfarrer sagte: „Hätte ich doch bloß Turnhosen angezogen", und ich glaube, wissen Sie, was Gott ihm sagen will, ist: „Wie steht's, Mr. Harcourt-Smedley – wollen Sie cool werden oder brennen?"

### Adam Galt

Ich würde gern erleben, wie wir Männern und Frauen auf der Straße sagen, daß wir ein Haus gleich hier in der Straße kennen, wo es Leute gibt, die nur darauf warten, sie zu Tode zu lieben und ich wünsche mir, daß wir in den Gottesdiensten übereinander weinen und einander hingebungsvoll dienen und mit heiligen Umarmungen begrüßen und einander sagen, daß wir einander wirklich lieben, und über die Sünden der Welt weinen und unter Tränen für die Sünden der Gemeinde Buße tun, und außerdem finde ich es sehr wichtig, daß wir uns nicht zu sehr auf die Gefühle stützen.

### Dorothy James

Dies ist eine Zeit, in der Sex total billig und wertlos geworden ist. Ich wünsche mir, daß wir den anderen jungen Leuten die Nachricht weitergeben, daß man keinen Sex zu haben braucht, bevor man verheiratet ist. Das braucht man nämlich nicht.

Ich will keinen Sex haben, bevor ich verheiratet bin, und mein Freund Jacob auch nicht. Uns stört es gar nicht, daß wir nicht miteinander schlafen dürfen, denn zu einer Beziehung gehört noch soviel mehr als Sex, und das ist etwas, das man sich für die Ehe aufheben sollte. Heutzutage hört man in den Medien und von anderen jungen Leuten immer nur Sex hier und Sex da. Ehrlich gesagt habe ich die Nase voll von all dem Getue um Sex, und ich wünschte, ein paar mehr junge Leute würden so wie Jacob und ich finden, daß es besser ist, eine Wanderung in den Bergen zu machen oder eine Pizza (eine Pizza zu essen, meine ich, nicht eine Wanderung darauf zu machen), statt die ganze Zeit nur über Sex und die Begierden des Fleisches zu reden.

Wir finden, es sollte in der Gemeinde öfter offen über Sex geredet werden, und man sollte hinten Broschüren darüber auslegen und Listen von Fernsehsendungen, die man nicht angucken sollte, weil da bestimmt Sex drin vorkommt, mit einer Warnung, daß, wenn man solche Sachen anguckt, die Gefahr besteht, daß sexuelle Gedanken sich im Kopf breitmachen und man ganz besessen wird von dem ganzen Thema Sex.

### Sue Miles

Mein Beitrag richtet sich an alle Gemeinden in der Gegend, wenn sie bereit sind, zu hören.

*Der Wald ist nicht die Heimat der Bäume, sondern wird durch ihre Gegenwart definiert, wenn auch manche die gerechte, finstere Miene des Winters nicht überleben werden. Wenn der Frühling lächelnd kommt, wird die Weide allein um ihre verlorenen Brüder und Schwestern trauern, jene, die ihre nachgiebigen Äste, ihr kostbares Laub, den ganzen Sommer über der magnetischen Sonne entgegenstreckten, ohne sich je auch nur einen Funken um die Wurzeln zu scheren, die eines baldigen Tages in der kalten Erde hungern werden, noch um den ersterbenden Fluß des warmen Saftes, der nicht immer aufsteigen wird.*

Wer Ohren hat, der höre, was Sue Miles den Gemeinden sagt.

### Jacob Westbrook

Also, ich möchte gerne öfter zum Bowlen gehen und kürzere Gottesdienste haben und den Herrn mehr preisen und so, und nicht mit Sex belästigt werden (glaube ich), und eigentlich alles, was Dorothy auch gesagt hat.

# St. Yorick's Junge Gemeinde

# SCHLAGLICHT

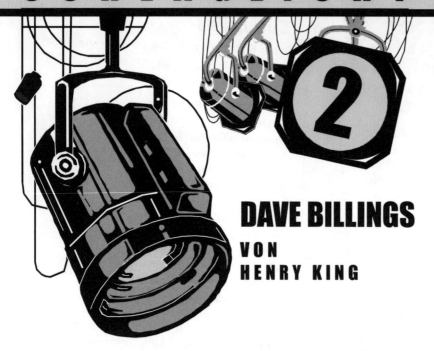

## DAVE BILLINGS
### VON HENRY KING

Ich mache mich auf den Weg zu meinem zweiten Schlaglicht-Auftrag. Diesen Monat besuche ich Dave und Vera Billings in ihrem Haus. Besonders Dave ist in der Gemeinde sehr bekannt für seine erstaunlich unermüdlichen Beiträge zu Veranstaltungen aller Art. Inzwischen bin ich mit allen Wassern gewaschen, so daß ich die Adresse genau prüfe, bevor ich losziehe, und ich weiß, daß die beiden mich erwarten, weil ich erst vor zwei Tagen mit Dave telefoniert habe, um Datum und Uhrzeit meines Besuchs zu bestätigen. Diesmal, so mein fester Entschluß, wird nichts schiefgehen.

## Gummistiefel

Bewaffnet mit meinen Kugelschreibern und meinem Reporter-Notizbuch komme ich am Haus der Billings an, gehe durch ein kleines, offenstehendes Metalltor mit kaputter Klinke und gehe den Gartenweg hinauf. Der Vorgarten ist ein Dschungel aus langem, wucherndem Gras, in dem lauter Sachen herumliegen. Da sind Seiten der *Daily Mail*, auseinandergezogen und braun und brüchig geworden, die der Wind überall hingeweht hat, vor allem aber unten in die Hecke, winzige einzelne Gummistiefel in leuchtenden Farben, Spielzeug-Autos und Flugzeuge mit stellenweise abgeschlagener Farbe, ein halb aufgeblasenes Planschbecken voller braunem, öligen Wasser, auf dem Laub und tote Insekten schwimmen, ein halber, gemauerter Gartengrill, den irgend jemand wohl vor Ewigkeiten zu bauen begonnen hat, daneben die restlichen Ziegelsteine, die aufgestapelt warten, obwohl zwischen ihnen schon das Gras emporgesprossen ist, und weit verstreute blaue, gelbe und rote Lego-Steine, tief ins Erdreich hineingetreten, so daß man nur noch ihre Oberfläche sieht.

## Vergessen

Als ich mich der Eingangstür nähere, höre ich jemanden sehr laut brüllen, jemanden anderes sehr laut zurückbrüllen und wieder jemanden anderes weinen. Als ich klingele, rührt sich nichts. Ich drücke wieder auf den Knopf. Als ich merke, daß er aus irgendeinem Grund im Innern kein Geräusch erzeugt, klopfe ich ganz vorsichtig an die Tür. Nichts tut sich. Drinnen ist immer noch das Brüllen zu hören. Das Weinen hat sich inzwischen in eine Art jammerndes Schreien verwandelt. Ich klopfe sehr laut an die Tür. Plötzlich herrscht im Innern vollkommene Stille. Nach ein paar Augenblicken höre ich eine genervte Stimme sagen: „Wer zur Hölle kann das denn sein, um Gottes willen?" Eine andere Stimme sagt: „Wie in drei Teufels Namen soll ich das denn wissen, wenn du es nicht weißt? Du bist derjenige, der sich den Luxus erlaubt, Freunde zu haben. Vielleicht kannst du mir mal verraten, wie ich deiner Meinung nach zu Freunden kommen soll, wenn ich nie irgendwo hingehen oder jemanden besuchen kann wegen diesem Sauladen hier. Ich wette, das ist einer von deinen ach so ehrenwerten Freunden aus der Kirchengemeinde. Ist mir schleierhaft, wieso du nicht gleich den Pfarrer heiratest, wo du doch sowieso dauernd da unten bist, obwohl es hier einen Haufen Dinge zu tun gäbe. Wehe, du hast dich mit jemandem aus der Gemeinde verabredet, David Billings. Wenn wir heute nicht diesen Ausflug machen, verlasse ich dieses Haus und komme nicht wieder. Basta!"

Die andere Stimme sagt: „Natürlich habe ich keine –" Dann ein Geräusch wie von einer flachen Hand, die gegen eine Stirn geschlagen wird. „O nein! O Gott! Vera, ich habe vollkommen vergessen – da wollte so ein Typ vorbeikommen, um ein Interview für diese Schlaglicht-Geschichte zu machen. Hör zu, bitte, es wird nur ein paar Minuten dauern. Laß uns –"

Die Stimme der Frau nimmt einen eisigen Ton an. Sie sagt: „Es kann dauern, so lange es will. Ich habe genug. Ich gehe. Mach, was du willst. Das tust du sowieso immer. Vergiß nicht, den Kindern was zu essen zu geben; ich bin nicht mehr da und kümmere mich nicht mehr darum."

Ich habe schon meine Kugelschreiber und mein Notizbuch zurück in die Tasche gesteckt und bin dabei, mich davonzuschleichen, als die Tür aufgeht. Es ist Dave. Sein Gesicht zuckt wild, als ob er vergessen hätte, wie man einen einzigen Ausdruck darauf festhalten kann, und er schwitzt heftig, doch er spricht mich an, als ob sich das Gespräch hinter der Tür, das ich mit angehört habe, überhaupt nicht ereignet hätte.

Er sagt: „Ah, Henry, da sind Sie ja. Ich war gerade dabei, den Kessel aufzusetzen, um uns beiden einen Kaffee zu machen. Herein in die gute Stube!"

## Tränen

Gleich hinter der Tür steht ein großer gelber Kindertraktor, dem ein Rad fehlt. Ich steige darüber hinweg und finde mich in der Diele wieder. Ein kleines, nacktes Kind mit dem Daumen im Mund räkelt sich am Pfosten am Fuß der Treppe herum, einen zerfledderten Plüschhasen unter dem Arm, und starrt mich an, als wäre ich das Bild des Grauens, das sich nach einem Verkehrsunfall den Insassen eines vorbeifahrenden Busses bietet. Aus einem der obe‑

ren Zimmer dringt heftig wummernde Musik herab.

Dave sagt: „Gerty, das ist Mr. King. Er will Papa besuchen. Sag hallo."

Gerty will nicht hallo zu mir sagen. Ihr anfängliches Interesse an mir ist verflogen. Tränen steigen ihr plötzlich in die Augen, und sie stimmt das heulende Geräusch an, das ich gerade eben noch durch die Tür gehört habe.

Dave ruft mit nervöser, aber um leichten und normalen Ton bemühter Stimme: „Vera, könntest du mal nach Gerty sehen, ich glaube, sie ist ein bißchen quengelig."

Aus irgendeinem anderen Zimmer ertönt Veras Stimme: „Nein, sieh selbst nach ihr, oder sag deinem Freund aus der Gemeinde, er soll sich um sie kümmern. Schließlich haben die dich dazu gekriegt, alle Arbeit für sie zu erledigen. Allmählich müßten die mal an der Reihe sein. Ich gehe rauf und packe."

## Lauwarm

Daves Gesicht läuft leuchtend rot an. Er versucht zu lachen, als hätte Vera nur einen Scherz gemacht. Ich biete an, zu gehen und ein anderes Mal wiederzukommen, doch Dave besteht darauf, mich in ein Zimmer zu führen, das er als sein Arbeitszimmer bezeichnet. Er sagt: „Ich gehe nur schnell den Kessel aufsetzen, bin gleich wieder da."

Ich setze mich im Arbeitszimmer auf einen mit Leinwand bespannten Klappstuhl. Um mich her ist ein Meer aus Papieren und Büchern, das den Fußboden, die Stühle und den Tisch bedeckt. In dem Zimmer ist es ziemlich dunkel, weil sich auf der Fensterbank Aktenordner und allerlei andere Sachen türmen. Irgendwo jenseits der Tür höre ich, wie zwei Leute sich giftig anzischen. Nach ziemlich langer Zeit kommt Dave mit einem Becher Kaffee zurück, den er mir gibt. Nachdem er einen Stapel Sachen von einem anderen Stuhl auf den Fußboden geräumt hat, setzt er sich. Er scheint außer Atem zu sein. Vera sei heute nicht gut drauf, erklärt er mir, und werde deshalb nicht bei dem Interview dabei sein, und er brauche jetzt keinen Kaffee, weil er gerade erst einen getrunken habe. Es ist so gut wie keine Milch in meinem Kaffee, und er ist lauwarm. Ich nippe ein- oder zweimal daran.

Nachdem ich meinen Kaffee auf einem Karton abgestellt habe, hole ich einen meiner zwei Kugelschreiber und meinen Reporterblock hervor. Ich habe mir ein paar eigens vorbereitete Fragen notiert. Ich sage: „Dave, Sie sind in der Gemeinde wohlbekannt für Ihre unermüdliche Mitarbeit bei Veranstaltungen aller Art. Wie schaffen Sie es, das alles mit Ihren Aufgaben als Ehe‑

# Gebete
## für den Monat

### Von Colin Vasey

*Wir senden unsere Vibrationen aus, um mit den Bewegungen des Ethos zu widerhallen, und verschränken uns in Harmonie mit allen interstellaren Mitnutzern des universalen Netzwerkes.*

*Unsere Systeme treten in die niederen Wellenbewegungen der Seinswesenheit ein und strecken ihre kosmischen Fasern durch die Raumtore des alternativen Bewußtseins aus, um den Rand der galaktischen Sternenpulsationen des Sonnensystems zu berühren.*

*Wir bringen die Schnittpunkte unseres Lebensrasters mit denen der unendlichen Totalität zur Deckung, und wir nähern uns der planetarischen Grenze, um unsere Sensoren von den licht-emittierenden Einheiten der fünften und sechsten Ebene durchdringen zu lassen.*

*Amen.*

mann mit einer Frau und drei Kindern zu vereinbaren?"

Dave reibt sich einen Moment lang mit beiden Händen das Gesicht und sagt dann: „Tja, ich denke, das ist wohl eine Frage der Balance. Man muß die richtige Balance finden. Das ist der ganze Trick."

Ich nicke und lese meine zweite Frage ab: „Wie wichtig ist es, daß der Ehepartner hinter dem steht, was man in der größeren Familie der Gemeinde tut?"

„Unabdingbar, absolut unabdingbar", sagt Dave. „Wenn ich nicht wüßte, daß Vera hundertprozentig hinter meinen Gemeindeaktivitäten steht, wäre ich dazu einfach nicht in der Lage. So einfach ist das."

## Rumpeln

Ich gehe über zu Frage drei: „Welche Methode wenden Vera und Sie an, um Ihr alltägliches Leben zu organisieren?"

Dave läßt einen Moment lang seinen Blick über die Mondlandschaft seines Arbeitszimmers schweifen, bevor er antwortet. Er scheint allmählich Zutrauen zu gewinnen. Er sagt: „Ich würde es nicht als Methode bezeichnen. Es ist eigentlich keine Methode – es ist, nun ja, es ist eine Überzeugung, daß da, wo die inneren Dinge stimmen, die äußeren Dinge auch ihren Platz finden werden."

Ich sage: „Das führt uns direkt zu meiner vierten Frage – wie groß ist die Rolle, die Ihr christlicher Glaube bei den Entscheidungen spielt, die Vera bezüglich Ihres Lebens allgemein trifft?"

Ein lautes Krachen und ein rumpelndes Geräusch, gefolgt von neuerlichem Weinen, dringen von jenseits der Tür herein. Dave scheint es gar nicht zu bemerken. Er sagt: „Unser Glaube ist das Wichtigste in unserem Leben. Wenn wir nicht zutiefst davon überzeugt wären, daß Gott ganz konkret in unserem Leben wirkt, wüßte ich nicht, wie wir überleben sollten, wirklich nicht."

Ich sage: „Und meine fünfte Frage – wie gehen Sie konkret vor, um Entscheidungen über wichtige Dinge zu treffen?"

Geschrei!

In diesem Moment geht die Tür auf, und Vera steckt den Kopf herein. Ihr Mund ist eine grimmige, gerade Linie. Sie sagt: „Das ist deine letzte Chance.

Hör jetzt damit auf und komm und hilf mir, alles für diesen Ausflug vorzubereiten, oder ich gehe."

Dave schnauft heftig durch die Nase und sieht sogar etwas verärgert aus, aber er fragt mich dann doch, ob es mir etwas ausmachen würde, das Interview ein anderes Mal zu beenden. Ich versichere ihm, daß ich schon reichlich Material zusammen habe. Er begleitet mich zum Ausgang. Als die Tür sich hinter mir schließt, höre ich Daves erhobene Stimme und ein Geräusch, als ob jemand oder etwas die Treppe herunterfällt, gefolgt von neuerlichem Weinen und Geschrei, diesmal mit der Stimme eines anderen Kindes.

Es kann nicht viel verkehrt sein mit der St.-Yorick's-Party, wenn Paare wie Dave und Vera Billings zu den Stammgästen gehören!

# ANSCHLAGBRETT

## GOTTESDIENSTE

### SONNTAG
8.00 Uhr Kommunion
9.30 Uhr Familiengottesdienst
11.00 Uhr Sorgengebet
18.30 Uhr Abendgebot

### MITTWOCH
10.30 Uhr Kommunität

---

Das Treffen

## des Frauenkreises

findet am Donnerstag, dem 20. März, in der 36 Butterwick Avenue statt. Diesen Monat sprechen wir über unsere christliche Verantwortung als gute Haushälterinnen und tauschen insbesondere Gedanken über die Preise diverser Küchenartikel aus. Mrs. Robinson hat sich freundlicherweise bereit erklärt, uns zum Einstieg ein Referat über die erschreckend große Preisspanne für Küchenrollen in unserer Gegend zu halten. Wir freuen uns auf eine lebhafte Diskussion. Das Komitee hat beschlossen, den Genuß von Früchtetee bei den Treffen zu untersagen, da der daraus resultierende Konflikt Mrs. Gordon, die aus persönlichen Gründen sehr entschiedene Ansichten zu dieser Frage hat, zu sehr belastet.

---

Wenn der sich selbst so bezeichnende „distinguierte Herr", der sich irrtümlicher- und beleidigenderweise einbildet, er und ich seien von ähnlichem Alter, ernsthaft meint, ich hätte von seiner Existenz je Notiz genommen, während ich auf dem Fensterplatz in der dritten Reihe von vorne rechts, von hinten gesehen, saß, so kann ich nur annehmen, daß er von einer Art Wahn befallen ist. Was das Ansinnen angeht, in der Scheitelkapelle Adressen auszutauschen, als wären wir zwei Verkehrsteilnehmer, die in einen Zusammenstoß verwickelt sind, so kann ich ihm versichern, daß eine derart lächerlich kindische Begegnung keinesfalls in Frage kommt. Die fragliche Person scheint vergessen zu haben, daß wir Anglikaner sind. Vielleicht ist in weiteren zehn Jahren an ein leichtes grüßendes Zunicken zu denken.

# Greisliche Musik zu Ostern

präsentiert von

**Geh aus, mein Harz**
— Violin Praise

**Das Leben stinkt, und dann krepierst du**
— Das neue Praise-Album von Adrian Plass enthält:
*Könnte sein, daß er Herr ist / Halleluja, ich habe eine Frage! / Kommt und laßt uns flieh'n / Meine Zeit rinnt mir durch die Hände / Jesus, ich bleib' hier / Nimm mein Leben, nimm es halb / Eines ist einigermaßen sicher / Ein neuer Tag verrinnt / Wohl dem, der nicht handelt*

**Edmund und die Eierköpfe**
— Das Albumen

**Anglican Assassins**
— Greatest Hits

**Bad News for the Devil**
— Ihre größten Mißerfolge
*Live, ohne Proben und mit viel Diskussion aufgenommen mit einem Mikrofon im Gartenhäuschen von William Farmers Vater*

**Warship Worship**
Seemanns-Chor der HMS Destruction.
Enthält:
„Gott auf unserer Seite, der Feind auf der anderen"

**QUAKER WORSHIP 3**
— Weitere 15 Titel mit absolut authentischer Stille
*(Aufgenommen auf der letztjährigen Erweckungsversammlung der Gebetbuch-Gesellschaft)*

**When I Survey ...**
— Chor des London College of Architecture

**C: DRIVE PRAISE**
Zachäus und die CD's (Compact Disciples)

Lösung für Tante Audrey Pettitt's Punkt-zu-Punkt-Spiel: Das fertige Bild zeigt ein Grab.

# DER SCHÄDEL

APRIL

Gemeindezeitung der Pfarrei St. Yorick's, Gently Down

**Der April wird immer grauer, – selbst der Regen ist schon sauer**

**GLAUBE IN AKTION**

*„Kaum sind sie gepflanzt, kaum sind sie gesägt ..."*
JESAJA 40,24

**PFARRER:** REVEREND RICHARD HARCOURT-SMEDLEY D.D. TEL.: 569604
**WIRKER:** REVEREND CURTIS WERVALOM B.D. TEL.: 563957
**KIRCHENVERSPRECHER:** MR. C. VASEY B.A. TEL.: 563749
**PFARRSEKRETÄRIN:** MISS CHRISTINE FITT K.E.B.T. TEL.: 569604
**SCHÄDEL-BEITRÄGE AN HENRY PITCHER, 3 FOXGLOVE ROAD: 563328**

# Ein Brief des Pfarrers

Diesen Monat hat sich Pfarrer Richard Harcourt-Smedley freundlicherweise bereit erklärt, auf die Beiträge von sechs unserer jungen Leute im „Schädel" des letzten Monats zu antworten (Hrsg.)

## Liebe sechs junge Leute aus unserer Gemeinde,

viele Leute stellen sich den Alltag eines Pfarrers in einer großen Gemeinde so geruhsam und beschaulich vor, daß sie womöglich meinen, es müsse doch eine willkommene Freude sein, zusätzlich zu der Handvoll trivialer Aufgaben, die jemanden wie mich für lange Strecken jedes Monats trübselig durch Wüsten der Tatenlosigkeit schlurfen lassen, eine weitere Bürde auferlegt zu bekommen. Daß dies nicht im entferntesten der Fall ist, dürfte kaum jemanden interessieren, so daß ich am besten gleich zur Sache komme.

### Hugh Danby

Ich bin Ihnen zutiefst verpflichtet, Meister Danby, daß Sie mich an Ihren verblüffend originellen Einsichten in das Wesen und Wirken des Heiligen Geistes teilhaben ließen, von dem ich mit größter Vorsicht sprechen muß, da er offenbar ein enger persönlicher Freund von Ihnen ist, obwohl, wie Sie überrascht zur Kenntnis nehmen werden, auch ich durchaus schon von ihm gehört habe.

Ihre Anregung, ich möge „den Heiligen Geist hereinlassen, um eine Menge Namenschristen auffliegen zu lassen", ist, gelinde gesagt, bizarr. Sie stellen die dritte Person der Trinität dar, als wäre sie eine Art schwanzwedelnder, hechelnder Spürhund, der vor dem Kircheneingang angekettet ist, bis der Pfarrer seine unbeschreibliche Macht walten läßt, indem er ihm großzügigerweise erlaubt, hereinzukommen, um eine Auswahl jener abstoßenden alten Leute auszuschnüffeln und gewaltsam zu entfernen, die eigentlich gar keine Christen sind.

Auch die Vorstellung, den Heiligen Geist aufzurufen, „herabzukommen" wie ein Kandidat in irgendeinem lächerlichen Fernsehquiz, Meister Danby, reizt mich nicht besonders. Wenn derartige Praktiken in der Exklusiven Lebendigen Gemeinde des Letzten Wortes der Offenbarung üblich sind, rate ich Ihnen zur Vorsicht. Mir scheint, um eine moderne Ausdrucksweise zu bemühen, daß solche Gemeinschaften nicht alle Antworten in der Liturgie haben.

Noch eine letzte Bemerkung. Sie verwenden den Ausdruck „wohlanständiges Benehmen", als läge darin irgendeine gefährliche Irrlehre verborgen. Vielleicht sind Sie der Meinung, ich sollte eines Abends an der Spitze des gesamten Kirchenvorstands hinausziehen, um einer Auswahl der Bewohner der Nachbarschaft die Fensterscheiben einzuwerfen. Vielleicht ließe sich diese Aktivität zur Adventszeit mit unserem jährlichen Weihnachtsliedersingen verbinden. Wir könn-

ten bei jedem Haus eine Scheibe einwerfen und ein Weihnachtslied singen. Was meinen Sie? Wäre ein solches Benehmen in ausreichendem Maße unanständig?

## Sarah Forrest

Ich fürchte, Sarah, daß der Anblick, wie ich den Elf-Uhr-Gottesdienst halte, angetan lediglich mit einem Paar limonengrünen Lycra-Gymnastik-Shorts, eine sehr ernste Auswirkung auf die potentielle Lebenserwartung jener älteren Leute haben könnte, die Ihr männlicher Kollege so gerne entlarven und aus der Gemeinde entfernen möchte. Dabei wäre es doch eine Tragödie, nicht wahr, wenn jene armseligen, unnützen alten Namenschristen an einem Schock sterben würden, bevor Meister Danby und ich die Chance hatten, sie zu bekehren?

Falls Sie andererseits tatsächlich sagen wollen, daß Ihr „Bild" eine symbolische Botschaft Gottes an mich sei, ich solle meine Herangehensweise und meine Kleidung während der Gottesdienste einer Modernisierung unterziehen, so antworte ich Ihnen, daß ich genau zu diesem Zwecke meinen lebhaften Vikar Curtis „importiert" habe. Bei den Gelegenheiten, wo ich abwesend bin und Curtis den Gottesdienst hält, hat er vollkommen freie Hand, sich als Batman oder die Königin von Tonga zu verkleiden, oder als der Sänger jener populären Musikgruppe, deren Name und Musik sich anhören wie die unfreiwillige Entleerung unverdauter Mageninhalte, oder als was oder wer auch immer.

Sollte Gott noch mehr zu diesem Thema zu sagen haben, wären Sie vielleicht so nett, da Sie ihm ja offenbar viel häufiger begegnen als ich, ihm eine genaue Wegbeschreibung zu geben und ihn zu bitten, gelegentlich abends auf eine kleine Unterhaltung im Pfarrhaus vorbeizukommen – nur, wenn er einen Moment erübrigen kann, versteht sich. Das wäre zu freundlich.

## Adam Galt

Ich gestehe, Adam, daß ich Ihren erfrischend kurzen Beitrag sehr liebenswert fand, muß Ihnen aber zu größter Vorsicht raten. Falls Sie ernsthaft vorhaben, fremden Leuten auf der Straße zu sagen, es gebe ein Gebäude gleich hier in der Straße, wo die Leute bereit und willens seien, sie zu Tode zu lieben, sollten Sie bedenken, daß Sie dadurch in einem Gebäude noch ein Stückchen weiter in dieser Straße landen könnten, wo die Leute bereit und willens sind, Sie einzusperren und Ihnen unsittliche Belästigung in einer Vielzahl von Fällen zur Last zu legen.

### Örtliche Redensarten
eingesandt von Alfred Froom

*„Bläst ein kalter Wind vom Berg herab, wird Mutters Hefekuchen schlapp."*

# Gebete für den Monat

*Von Philip Jaws*

*Herr, wir bitten um dein heiliges Feuer! Wir bitten, daß dieses Feuer kommen möge. Herr, es wird kommen, und es wird ein heißes Feuer sein, Herr. Herr, es wird ein Feuer sein, das brennt, es wird kein kaltes Feuer sein, Herr. Herr, es wird ein brennendes, heißes Feuer sein, und es wird verzehren, was vorher unverzehrt war. Es wird ein mächtiges Flammenmeer geben, Herr, und dieses Flammenmeer wird durch dein heiliges, heißes Feuer entstehen, und wir beten, daß dieses heilige Feuer jetzt kommen möge.*

*Und Herr, wir bitten um deinen heiligen Regen. Wir beten, daß dein Regen kommen möge – er wird kommen, Herr, und es wird ein nasser Regen sein, Herr. Es wird ein nasser Regen sein, der herabfällt. Es wird ein fallender, nasser Regen sein, Herr. Herr, es wird kein aufsteigender, trockener Regen sein, sondern ein Regen, der fallen wird. Er wird naß sein, Herr. Herr, er wird kommen und naß machen, was trocken war. Herr, es wird eine Befeuchtung des Unbefeuchteten geben, wenn jener fallende, nasse Regen kommt, Herr. Herr, wir beten, daß dein heiliger Regen jetzt über uns kommen möge.*

*Und schließlich, Herr, bitten wir um deinen heiligen Wind. Oh, wir beten um diesen heiligen Wind, Herr. Herr, wir bitten, daß er kommen möge, und daß er eine wirkliche Bewegung der Luft sein möge, Herr, eine Bewegung der Luft, die bedeutet, daß dein heiliger Wind gekommen ist. Herr, es wird nicht jener Wind einer stillen Luft sein, die sich nicht bewegt, sondern er wird sich bewegen, und er wird dein heiliger, sich bewegender Wind sein, der wegnimmt, was unweggenommen war, und wir beten, daß dein heiliger Wind kommen möge.*

*Das heißt – warte mal, Herr – ich glaube, ich habe die Reihenfolge ein wenig durcheinandergebracht, weil, wenn ich drüber nachdenke, wenn dein heiliger Regen gleich nach deinem heiligen Feuer kommt, wird das einen ziemlichen Dreck geben, nicht? Und dein heiliger Wind wird an der ganzen durchnäßten Asche nicht viel bewegen können, also wenn ich's recht bedenke, wenn es dir nichts ausmacht, nehmen wir lieber zuerst dein heiliges Feuer, dann deinen heiligen Wind (aber nicht zu schnell danach, sonst facht er dein heiliges Feuer wieder an, just wenn wir alle wollen, daß es ausgeht), der das vertrocknete Zeug fortbläst, das von deinem heiligen Feuer zurückbleibt, und dann deinen heiligen Regen, um – na ja, um alles wieder frisch zu machen. Äh ... Amen.*

## Dorothy James

Ihr Beitrag, Dorothy, erinnert mich an eine Gelegenheit, als ich als kleines Kind von acht Jahren mit meiner Kusine Julia, die damals sechs war, einen Bauernhof besuchte. Wir Kinder gingen, wie es Kinder nun einmal tun, auf Kundschaft aus und entdeckten an einem Zaun auf dem Feld ein riesiges Pferd, das vollkommen still dastand. Julia tat ihre Absicht kund, sich auf das Tier zu setzen, worauf ich sie zurechtwies und daran erinnerte, daß sie nicht wisse, wie man ein Pferd reitet, und daß sie, falls das Geschöpf plötzlich in Galopp fiele, zweifellos herabstürzen und sich ernsthaft verletzen würde. Julia zog es vor, meinen Rat zu ignorieren, indem sie mit großem Nachdruck argumentierte, da das Pferd seit unserer Ankunft völlig reglos dagestanden habe, werde es dies auch weiterhin tun. Mit Hilfe einer Kiste und des Zaunes kletterte sie auf den Rücken des Pferdes. Sofort galoppierte das Tier davon, und Julia stürzte herab und schlug mit beträchtlicher Wucht auf dem Boden auf. Sie trug etliche Beulen und einen Schrecken davon, war aber glücklicherweise nicht ernsthaft verletzt.

Dorothy, wer nicht reiten kann, sollte sich nicht auf ein großes Pferd setzen und sich darauf verlassen, daß es nicht losgaloppieren wird.

## Sue Miles

Wenngleich ich (angesichts der Tatsache, daß ich nicht die leiseste Ahnung habe, wovon Sie reden) bereit bin, zuzugeben, daß ich möglicherweise von Zeit zu Zeit meine nachgiebigen Äste der magnetischen Sonne entgegengestreckt habe, verwahre ich mich entschieden dagegen, daß meine Wurzeln Hunger leiden, und ich versichere Ihnen, junge Dame, daß der warme Saft, selbst in einem Greis wie mir, immer noch recht munter aufsteigt, vielen Dank.

Ich sollte hinzufügen, daß mich lange, verschlungene Baum-Metaphern hoffnungslos verwirren und ich daher die Stoßrichtung Ihres Arguments wahrscheinlich vollkommen mißverstanden habe. Womöglich ist das ein Glück.

## Jacob Westbrook

Es wird Sie interessieren, zu erfahren, Jacob, daß ich Ihre Bemerkungen, so beiläufig sie auch sein mögen, denen all Ihrer Kollegen vorziehe, insbesondere denen von Meister Danby, der entweder der zur Erde zurückgekehrte Prophet Elia oder ein aufgeblasener Hanswurst sein muß.

Ich möchte mit Nachdruck anregen, daß unsere jungen Leute ihre Bemerkungen künftig an unseren lebhaften Vikar Curtis richten, der nicht nur mehr Verständnis für ihre Sichtweise aufbringt, sondern auch vor erheblich kürzerer Zeit selbst einer der ihren 1 war.
Vom Schreitisch Ihres Pfarrers

*Richcard Hasprout-Smedlet*

# Briefe
## an die Redaktion

***Sehr geehrte Damen und Herren,***
ich heiße Russell Bleach und bin sieben Jahre alt. Mein Vater weiß, daß ich Ihnen schreibe, aber dieser Brief ist von mir, nicht von ihm. Nachdem ich in den letzten drei Monaten die Kinder-Ecke in Ihrer aufpolierten Gemeindezeitung gelesen habe, möchte ich gerne sagen, was ich davon halte, indem ich selbst so ein Wortsuchspiel mache wie Tante Audrey in der Januar-Ausgabe. Auch in meinem Spiel ist ein köstliches kleines Geheimnis versteckt, genau wie in Tante Audreys, aber da ich erst sieben bin, wird wohl meines viel leichter zu finden sein. Ich habe auch eine hilfreiche kleine Liste mit Worten dazugeschrieben, aber sie sind ein bißchen durcheinandergeworfen, damit das Spiel mehr Spaß macht. Wenn man sie in die richtige Reihenfolge bringt, ergeben sie einen Satz, an dem wir alle unseren Spaß haben können, besonders aber Tante Audrey.

```
WORTSUCHE

S U A K F N U R S P H T
O I R A R T A N T E Ö D
W N R E D N I K D I L N
Q D B K T F N L X V M E
P L H R W I H E N G Z H
A P O S T B J I D W A C
L M D N R E T N I H C L
P R H L M Ä E E M E G E
D N E G I D I E L E N I
P G E N V O R G A E H P
L H W E A B G Z K Ö K S
M I A U D R E Y S K D E
```

KINDER • AUDREYS • BELEIDIGEND • HINTERN
MIT • KLEINE • SPIELCHEN • STINKT
ALBERNE • AUS • TANTE • SO

Übrigens, Tante Audrey hatte ganz recht, als sie sagte, daß mein lieber kleiner Bruder an meinem Ellbogen stand und bei meinen wichtigen Spielen für große Kinder mitspielen wollte, und er verschwand erst, als ich von meinem Ellbogen Gebrauch machte. Also danke für den Tip, Tante Audrey.

*Russell*

# WUNDER ERKLÄRT

## 2 Die Heilung zweier Blinder

**Da berührte er ihre Augen und sprach: Euch geschehe nach eurem Glauben! Und ihre Augen wurden geöffnet. Und Jesus drohte ihnen und sprach: Seht zu, daß es niemand erfahre!**
Matthäus 9,29–30

Der Schlüssel zu dem, was in dieser lustigen Schilderung tatsächlich vor sich ging, scheint mir in der Anweisung zu liegen, daß niemand erfahren solle, was geschehen war. Meine jüngsten Forschungen zeigen ziemlich schlüssig, daß diese beiden Männer Angehörige einer obskuren jüdischen religiösen Gemeinschaft waren, deren Name sich am treffendsten mit „Fänger Jehovas im Dunkeln" wiedergeben läßt. Die zentrale religiöse Zeremonie dieser Gruppe, die offenbar das Verlangen des Menschen symbolisiert, sich auszustrecken und Jehova in einem geistlichen Sinne zu berühren, bestand in einem symbolischen Ritual, bei dem zwei Männer mit verbundenen Augen versuchten, jedes andere Mitglied der Gruppe innerhalb eines kleinen, abgegrenzten Raumes zu berühren, ähnlich wie in unserem heutigen Kinderspiel „Blindekuh". Aus jeder Generation dieser wenig bekannten Sekte wurden zwei männliche Kinder ausgewählt, denen man bei der Geburt die Augen verband, und wann immer die Augenbinde zu klein wurde oder ersetzt werden mußte, erneuerte man sie in einem Ritual in einem dunklen Raum. Diese beiden „Jehova-Fänger", wie sie bald genannt wurden, lebten an einem abgeschirmten Ort und durften nie erfahren, daß es auch Leute gab, die ohne verbundene Augen lebten.

Fraglos muß Jesus in seinen Jahren als Besitzer eines Fisch-Wanderzirkusses dieser mysteriösen Gruppe begegnet sein und ein tiefes Verständnis für ihre Sichtweisen gewonnen haben, einschließlich der Geheimnisse der „Jehova-Fänger". Daraus wird offensichtlich, daß es eben diese beiden Männer waren,

die Jesus bei dieser Begebenheit „heilte". Als er ihre Augen berührte, erklärte er ihnen all die Tatsachen, die ihnen bisher vorenthalten geblieben waren, ermutigte sie zum Glauben an die Zukunft und nahm ihnen dann einfach die Augenbinden ab! Als er sagte: „Seht zu, daß niemand davon erfahre!", meinte er damit natürlich in Wirklichkeit: „Hört zu, wenn ihr aller Welt davon erzählt, müßt ihr ja nicht unbedingt die Augenbinden erwähnen."

Für mich besteht das eigentliche Wunder nicht in dem wiederhergestellten Augenlicht, sondern in der Gründlichkeit, mit der sich Jesus bei der Vorbereitung auf sein Wirken eingehende Kenntnisse der örtlichen religiösen Bräuche verschaffte.

---

## NUR NOCH 9 MONATE BIS WEIHNACHTEN.

**BEEILEN SIE SICH! VERGESSEN SIE NICHT, EINEN RAUM IN DER HERBERGE ZU BUCHEN! SCHLAGEN SIE DEM EINKAUFSGEDRÄNGE EIN SCHNIPPCHEN!**

Mit
**GIERSCHLUND & RAFFKE SUPERMÄRKTE**

Ihr Versorgungsladen an der Ecke. Fühlen Sie sich rundum versorgt

durch unsere

Krippe-bis-Bahre-Einkaufs-Erlebnis-Landschaft.

# Waschen Sie Ihre SCHMUTZIGE WÄSCHE
## mit Simon Bleach

**?** Lieber Simon Bleach,
ich beziehe mich auf den „Vers", der unter dem Titel der März-Ausgabe des „Schädels" erschien. Ich bin entsetzt. Stellen Sie sich vor, wie zutiefst peinlich und demütigend es für George Pains Tante gewesen sein muß, zu erfahren, daß die ganze Welt von ihren Problemen mit Blähungen weiß!
**Maude**

**!** *Liebe Maude,
Sie haben den springenden Punkt übersehen. Finden Sie nicht, daß die Peinlichkeit, daß alle Welt von ihren Blähungen weiß, zur Bedeutungslosigkeit verblassen muß angesichts des Gedankens, daß jeder weiß, daß sie in irgendeiner Weise mit George Pain verwandt ist?*
***Simon***

• • • • • • • • • • • • • • • • • • • •

**?** Lieber Simon,
ich habe mir gerade die Fernsehsendung mit diesem Mann angesehen, der Leute hypnotisiert, so daß die allen möglichen Unsinn machen, den sie nicht machen würden, wenn sie nicht hypnotisiert wären. Das darf nicht sein! Ich weiß, daß es nicht sein darf, Simon. Was immer man auch über therapeutische Wirkung und so sagt, es darf nicht sein, und irgend jemand sollte diesem Treiben ein Ende machen. Ich war schon immer der Meinung, daß Hypnose falsch ist, und dies hat mir das nur bestätigt. Sie stimmen mir doch zu, oder? Sie müssen mir zustimmen! Hypnose ist definitiv –
**Philip Jaws**

**!** *Lieber Philip,
Sie fühlen sich müde ... ga-a-anz müde ...*
***Simon***

• • • • • • • • • • • • • • • • • • • •

**?** Lieber Simon Bleach,
keiner von denen, die Ihnen schreiben, scheint sich je Gedanken über die weltlichen Anliegen zu machen, die Christen am Herzen liegen sollten. Nehmen Sie zum Beispiel das Fischen. Sogenannte „Sportarten" wie die Fuchsjagd sind schlimm genug, aber wie stehen Sie dazu, daß wir uns von lebendigen Geschöpfen aus den Flüssen und Meeren ernähren? Stellen Sie sich einmal diese Frage. In was für einem Zustand wären Sie wohl, wenn Sie ein soeben gefangener Hering wären?
**Hilda**

**!** *Liebe Hilda,
im Ausnahmezustand.*
***Simon***

• • • • • • • • • • • • • • • • • • • •

## Therapeutische Hilfe gesucht

von deprimiertem Abwasserinspektor. Von baldiger Entlassung bedroht, da ihm seine Arbeit schon seit einiger Zeit so sehr stinkt, daß er nicht mehr zu Potte kommt.
**Zuschriften an den „Schädel", Postfach 5**

---

### Ein Limerick über unseren Pfarrer

**Eingesandt von „einem wohlmeinenden Freund – wenn ich nur einen finden könnte ..."**

*Ein Griesgram von Pfarrer aus Gently Down
bemühte sich, klammheimlich abzuhau'n.
Doch ohne Talar, so wurde bald klar, war er noch griesgrämiger anzuschau'n.*

# BEKANNTMACHUNG

**Die Einwohner von Gently Down im allgemeinen und der Herausgeber dieser Zeitschrift im besonderen beglückwünschen Stanley, einen Musiker (eine Hälfte des großartigen Musikduos „Stanley 'n' George") und Mary, eine Ärztin, zu ihrer kürzlichen Hochzeit. Mögen die folgenden Zeilen ihnen im Lauf der Jahre von Nutzen sein.**

Wenn ihr niemals reden könnt,
weil er sich keine Pause gönnt,
sondern Trommelwirbel übt tagaus,
tagein,
wenn er Melodien, gestohlen
von 'nem halb vergess'nen Polen,
flötet in dein Lieblings-Stethoskop
hinein,
vergib, ja vergib und sei trotzdem
lieb,
drück deinen gerechten Zorn
durchs himmlische Sieb
und vergib.

Wenn ihr Essen dir nicht schmeckt,
der Geruch ist dir suspekt,
der dir aus dem Teller in die Nase
sticht,
und sie dich dann informiert,
daß sie heut' hat operiert,
doch was in der Suppe schwimmt,
verrät sie nicht,
vergib, ja vergib und sei trotzdem
lieb,
drück deinen gerechten Zorn
durchs himmlische Sieb
und vergib.

Will er auf eine Tournee,
doch der Sound ist nicht okay,
er ist so genervt, daß du weit
weg dich sehnst,
und er ist nur noch am Toben,
daß die Zeit nicht reicht zum
Proben,
und Klein-George läßt
euch nicht schlafen, und
du gähnst,
vergib, ja vergib und sei
trotzdem lieb,
drück deinen
gerechten Zorn
durchs
himmlische Sieb
und vergib.

Klaut sie dir die Trommelstöcke
und nimmt sie als Pflanzen-
pflöcke
und dein Keyboard
dient zur Not als Bügelbrett,
und aus lauter Lust und Laune
schnappt sie sich deine Posaune,
um die Rohre freizupusten im
Klosett,
vergib, ja vergib und sei
trotzdem lieb,
drück deinen gerechten Zorn
durchs himmlische Sieb
und vergib.

Ist die Wohnung früh und spät
von Instrumenten übersät,
daß die Tasche, die du nimmst,
die falsche ist,
und dann später auf Station
wundern sich die
Kranken schon,
daß du mit 'ner Klarinette Fieber
mißt,
vergib, ja vergib und sei trotzdem
lieb,
drück deinen gerechten Zorn
durchs himmlische Sieb
und vergib.

Ist ihr endlich dann es wert,
mitzukommen zum Konzert,
wo mit deinen Klängen
du die Herzen hebst,
und dann, an der schönsten Stelle,
piepst ihr Piepser plötzlich grelle,
du bist drauf und dran, daß du
ihr eine klebst,
vergib, ja vergib und sei
trotzdem lieb,
drück deinen gerechten Zorn
durchs himmlische Sieb
und vergib.

# Hallo zusammen

*Ein Gruß an die Gemeinde von Christine Fitt,
der Sekretärin des Pfarrers
– eine schwere Last, wie wir sicher alle wissen*

Ich bedanke mich herzlich beim Herausgeber des „Schädel", daß er mir diesen kleinen Raum zur Verfügung stellt, um mich den Menschen in der Gemeinde St. Yorick's vorzustellen. Mein Name ist Christine Fitt; ich bin seit Januar Sekretärin des Pfarrers, und ich habe diese Aufgabe sehr gern übernommen, besonders, da ich mich zuvor schon um so viele Stellen erfolglos beworben habe, daß ich kurz davor war aufzugeben. Um ehrlich zu sein, war ich sicher, daß Pfarrer Harcourt-Smedley mich ebenfalls ablehnen würde, als ich zur falschen Zeit am falschen Tag in der falschen Gemeinde zum Vorstellungsgespräch erschien und meine Referenzen vergessen hatte, doch vom ersten Blick an, den der Pfarrer in der Sakristei von St. Yorick's auf mich warf, nachdem ich endlich dort angekommen war, schien er mir sehr positiv gegenüberzustehen, wenn er auch im Laufe unserer Unterredung einige ziemlich verwirrende Dinge sagte und tat.

Eine seiner Fragen gegen Ende des Gesprächs zum Beispiel war: „Darf ich davon ausgehen, daß Sie voraussichtlich nicht dem Beispiel Ihrer Vorgängerinnen folgen und es darauf anlegen werden, bei der erstbesten Gelegenheit schwanger zu werden?"

Dann, noch bevor ich auf diese nur zu verständliche Frage antworten konnte, starrte er mir direkt ins Gesicht und murmelte, mehr zu sich selbst als zu mir: „Ach nein, die hier würde in der Sahara in einen Platzregen geraten."

So sehr ich mich auch bemühe, kann ich mir auf diese Bemerkung doch beim besten Willen keinen Reim machen, doch der Pfarrer lächelte dabei, und ich kann nur annehmen, daß es sich um ein Kompliment gehandelt haben muß. Pfarrer Harcourt-Smedley erläuterte mir sodann, daß seine letzten drei Sekretärinnen jeweils nur für unbefriedigend kurze Zeit blieben, um dann aus verschiedenen Gründen im Zusammenhang mit Heirat oder Babys zu kündigen.

An dieser Stelle kam es zu einem kurzen Schweigen, und mir wurde bewußt, daß mein potentieller Arbeitgeber immer eindringlicher meine allgemeine Erscheinung beäugte, insbesondere mein Gesicht. Wie üblich, trug ich mein Haar in einem ordentlichen Knoten und hatte meine Arbeitsbrille auf, die vielleicht eher praktisch als dekorativ ist. Er runzelte besorgt die Stirn und sagte, wiederum mehr zu sich selbst als zu mir: „Hmm, ich glaube mich an Spielfilme zu erinnern, in denen ein solches Äußeres plötzlich ..." Dann, zu mir: „Wären Sie so nett, für einen Moment aufzustehen, Miss Fitt?"

Gehorsam stand ich auf und wartete, während er um den Schreibtisch herumging und direkt vor mir stehenblieb. Dann streckte er die Hand aus und zog die Nadeln aus meinem Haar, so daß es um mein Gesicht herabfiel. Schließlich nahm er mir die Brille ab und legte sie hinter sich auf den Schreibtisch. Dann trat er einen Schritt zurück, musterte mich einige Augenblicke lang, lächelte sodann, schüttelte den Kopf und sagte: „Nein, nicht in diesem Fall..."

Danach wurde mir die Stelle der Sekretärin angeboten, und mit einem äußerst erhebenden Gefühl wandte ich mich zum Gehen und trat geradewegs in die Sakristeitoilette, wo ich mich einige Momente lang aufhalten mußte, bevor ich wieder herauskam, meine Brille an mich nahm und mich ein weiteres Mal vom Pfarrer verabschiedete.

Ich hoffe, viele von Ihnen im Lauf der kommenden Monate und (wenn ich darauf hoffen darf) Jahre kennenzulernen.

# ANSCHLAGBRETT

## GOTTESDIENSTE

### SONNTAG
8.00 Uhr  Kombustion
9.30 Uhr  Familiengottesdienst
11.00 Uhr  Sorgengebet
18.30 Uhr  Rabengebot

### MITTWOCH
10.30 Uhr  Kronunion

## Unser besonderer Ostergottesdienst

Der gemeinsame Ostergottesdienst findet dieses Jahr am Sonntag, dem 6. April, um 10 Uhr statt. Der Vikar bat mich, weiterzugeben, daß er kürzlich einen älteren ehemaligen Angehörigen der Theaterwelt besucht habe, der neben der Kirche wohnt und zu bettlägerig ist, um an den Gottesdiensten teilzunehmen. Dieser Herr drückte die Hoffnung aus, unser Gesang am Ostersonntag werde laut genug sein, daß er ihn von seinem Schlafzimmer aus hören könne. Also kommt, Leute, vergessen wir unsere kleinlichen Sorgen und lassen wir mit unserem Gesang jene ehrwürdigen alten Hände wackeln! Halleluja! Wir sind wirklich befreit! Bitte sorgen Sie dafür, daß Ihre Kinder dieses Jahr keine unverpackten Schokoladeneier mitbringen. Verschmierte Kirchenbänke sind kein Spaß, besonders nicht für diejenigen, die hinterher saubermachen müssen.

Darbietung der Matthäuspassion durch die vereinten Männerchöre der Gemeinden von Gently Down, die schon seit einigen Woche proben. Die Hingabe, mit der die verschiedenen Chöre sich für eine herausragende Aufführung einsetzen, läßt sich daran ermessen, daß sie bereit waren, auf einige ihrer Mitglieder zu verzichten, um einen besseren Klang zu erzielen.

Unser besonderer Karfreitagsgottesdienst findet am, äh, Karfreitag um 18.30 Uhr im Gemeindesaal statt. Dort werden wir über, äh, den Karfreitag meditieren und über die Ereignisse des, äh, über die Ereignisse dieses Tages beten.

## Das Treffen des Frauenkreises

findet am 17. April um 19.00 Uhr wieder bei Mrs. Tyson, 36 Butterwick Avenue, statt. Diesen Monat ist Pfarrer Richard Harcourt-Smedley unser besonderer Gast und spricht über das Thema „Die Freude des Eintritts in den Himmel". Der Pfarrer hat angedeutet, daß seine Frau ihn dabei voraussichtlich nicht begleiten wird.

# KINDER-ECKE

> Wir sind „Tante Audrey Pellet" natürlich zutiefst dankbar für ihre drei anregenden Beiträge für unsere Kinder-Ecke, aber man kann durchaus auch zuviel des Guten tun, so daß wir ihr eine Pause gönnen wollen. Diesen Monat heißen wir Orel Spigget willkommen, einen Amerikaner, Evangelisten und Neuankömmling in unserer Gemeinde, der sich freiwillig bereit erklärt hat, die Kinderecke für die nächsten Monate zu übernehmen. Hrsg.

Wie _dankbar_ bin ich Pastor Pitcher für die Möglichkeit, den Kindern der Gemeinde St. Yorick's auf _diese_ Weise meine Gaben als Verkündiger zugute kommen zu lassen! _Oh ja!_ Ich glaube, Ihr werdet sehr schnell merken, welche Wirkung ich auf die Kinder von Amerika hatte und warum so _viele_ in jenem _großen Land_ fanden, es wäre _gut_ für mich, dort fortzugehen und in dieses fremde Land zu kommen.

Unser Thema in dieser Ausgabe ist die _Danksagung_! Nun, Kinder, ich möchte, daß Ihr genau darüber nachdenkt, was Danksagung _bedeutet_. Wußtet Ihr, daß es im griechischen Urtext buchstäblich _Danke sagen_ bedeutet? Denkt Ihr auch daran, _danke zu sagen_ für die vielen Segnungen, die Ihr empfangt?

Ich wette, das tut Ihr _nicht_! Warum nicht? Leider lassen wir oft zu, daß die kleinen Fallstricke des Lebens uns in einem Sumpf der _Hartherzigkeit versinken_ lassen. Wir _verstricken_ uns in unsere kleinlichen Streitereien und Probleme.

Vielleicht dankst Du nicht, weil Du _Schwierigkeiten_ in der Schule hast oder weil Deine Freunde Dich nicht leiden können oder vielleicht, weil Dein _Hund_ von einem _Auto_ überfahren wurde! Kinder, das alles ist _kein Grund, nicht danke zu sagen_! Es gibt Leute, denen viel schlimmere Dinge passiert sind.

Nehmt zum Beispiel Hiob, der im Buch Hiob erscheint. Er war ein _gerechter_ Mann, doch Satan ging zu Gott und sagte, Hiob sei _nur_ deswegen gerecht, weil er eine _große_ Familie und _viele_ Güter habe. Gott geriet in einen _Streit_ mit Satan, und schließlich sagte Satan, er werde _es beweisen_! Also zog Satan los, nahm Hiob sein ganzes Eigentum weg und _tötete alle Kinder Hiobs_! Dann bedeckter er Hiobs Körper über und über mit _Eitergeschwüren_ und ließ ihn in der Asche sitzen. Und dann brachte er Hiobs Frau und seine Freunde auch noch dazu, ihn fast zu _Tode_ zu labern! Hat Hiob deswegen Gott verflucht? War Hiob immer noch dankbar? _Lest in der Bibel nach_ und seht selbst!

Wichtiger noch, wenn Du Hiob wärst, wärst Du dann dankbar? Denke _jetzt gleich_ darüber nach! Vielleicht sind Gott und Satan in diesem Moment dabei, Dich zu beobachten und zu überlegen, ob sie Dir alles wegnehmen und _Deine Familie töten_ werden, nur um zu sehen, ob Du _danke sagen wirst_! Gläubiger Junge, gläubiges Mädchen, _was_ wird Deine Antwort sein? Wirst Du sagen: _Ja!_ Ich werde dankbar ein, was auch geschieht! Oder wirst Du ein alter Sauertopf sein und Satan dazu bringen, Dir _schreckliche Dinge_ anzutun?

**Denk darüber nach, junger Mensch, und wenn Dir das nächste Mal nach Jammern zumute ist, <u>sag statt dessen danke</u>!**

# DER SCHÄDEL

MAI

Gemeindezeitung der Pfarrei St. Yorick's, Gently Down

**Im Mai, da trink' ich, was vergoren, am Neunzehnten bin ich geboren**

*„Ihr sollt nicht sägen ..."*
3. MOSE 25,11

**PFARRER:** REVEREND RICHARD HARCOURT-SMEDLEY D.D. TEL.: 569604
**VIKAR:** REVEREND CURTIS WEVRAMOL B.D. TEL.: 563957
**KIRCHENVERBRECHER:** MR. C. VASEY B.A. TEL.: 563749
**PFANDSEKRETÄRIN:** CHRIS FITT K.E.B.T. TEL.: 569604
**SCHÄDEL-BEITRÄGE AN HENRY PITCHER, 3 FOXGLOVE ROAD: 56332**

# Ein Brief des Pfarrers

**Da der Pfarrer im Urlaub war, wurde der Brief diesen Monat von seinem Vikar Curtis geschrieben.**

## Hi Leute!

Hier Curtis.
Eigentlich hab' ich so was noch nie gemacht, aber ich dachte mir, ich erzähle Ihnen einfach mal, was mir neulich passiert ist. Ich mußte mitten in der Rushhour von Gently Down rauf nach London, um einen Verwandten im Krankenhaus zu besuchen, und das letzte Stückchen mußte ich mit der U-Bahn fahren. Dieselbe Strecke war ich schon eine Woche zuvor gefahren, und da war alles furchtbar überfüllt gewesen mit Leuten, die an ihre Arbeit wollten.

Mann, bin ich froh, daß ich das nicht jeden Tag machen muß! Na ja, an diesem Morgen war es noch schlimmer. Die Zugbesatzungen machten Dienst nach Vorschrift oder so was, so daß vor den Kontrollschranken ein riesiges Meer von Pendlern wogte, die alle darauf warteten, zu einem kleinen Tropfen in der nächsten Welle zu werden, die über die Rolltreppen hinunter zu den Bahnsteigen fließen durfte. Als ich die Stufen vom Fernbahnhof hinunterkam, verkrampfte sich beim Anblick all dieser Leute, die wieder vor den Schranken gestrandet waren, meine Magenmuskulatur genauso wie in der Woche zuvor.

Aber diesmal war etwas anders.

Letzte Woche hatte es ein lautes, wütendes Stimmengewirr gegeben, und die Leute hatten offenbar ihre Wut nur mühsam unterdrücken können. Heute war die Atmosphäre anders, gelassener – und es war ein deutlich anderes Geräusch zu hören.

Eine Stimme erhob sich über alle anderen, eine schrille Stimme, außer sich vor Wut, die unentwegt fluchte und herumschrie. Als ich über die Köpfe der Menge hinwegspähte (es hat seine Annehmlichkeiten, ein großer Vikar zu sein), sah ich, daß auf der anderen Seite der Schranke einer der Pendler, ein nicht sehr großer, gut gekleideter Mann von Mitte vierzig offenbar endlich ausgerastet war.

Während drei oder vier Mitarbeiter der Londoner U-Bahn ihn wachsam umkreisten, ließ er seinen ganzen Zorn und Frust völlig rückhaltlos heraus. Ein bißchen erinnerte er mich an jene Gestalten aus den Stummfilmkomödien, die senkrecht auf und ab hüpfen wie kleine Kinder und dabei wild und nicht sonderlich überzeugend ihre Fäuste schütteln, mit dem Unterschied, daß ich dieses Schauspiel vollkommen überzeugend fand.

Der Mann, der seinen Mitpendlern dieses Kabarett darbot, war so außer sich, vermutlich, weil seine Reisepläne zuschanden geworden waren, daß er jede Kontrolle verloren hatte. Tränen schierer Raserei strömten ihm übers Gesicht, während er hüpfte und wütete und brüllte.

Es war, als hätte man einen Erwachsenen vor sich, der seiner

Erwachsenheit entkleidet war, so daß ein Kind zum Vorschein kam, das einen ziemlich üblen Wutanfall hatte.

Wovon ich eigentlich erzählen wollte, das ist die Wirkung, die das auf alle anderen hatte. Es war faszinierend. Zum einen hatten wir etwas zu sehen und zu hören, während wir alle warteten, bis wir weitergehen konnten. Ein paar Leute lachten über das Schauspiel, andere starrten nur hin. Doch vor allem breitete sich ein Gefühl der Erleichterung und Entspannung in der Menge aus. Dieser eine Ausgeflippte da vorn ließ ganz offen den aufgestauten Frust in uns allen heraus, und das hatte einen bemerkenswerten reinigenden Effekt. Auf eine merkwürdige, primitive Weise war der Gerechtigkeit Genüge getan worden. Ein einzelner Vertreter hatte alle anderen Anwesenden davor bewahrt, sich zu Narren zu machen, indem er das für sie besorgte.

Ich sah, wie der eine oder andere Pendler über das Verhalten des Mannes mit jenem langsamen, arrogant verurteilenden Kopfschütteln reagierten, das man manchmal bei Autofahrern beobachtet, wenn sie Anfänger oder Idioten wie mich im Verkehr einen Fehler machen sehen. Und da fiel mir plötzlich ein anderer, viel berühmterer Anlaß ein, als Passanten auf genau dieselbe Weise den Kopf schüttelten, als sie an einem Mann vorbeigingen, der sich aus ihrer Sicht noch mehr zum Narren zu machen schien.

Als die Schranken sich öffneten und ich auf die Rolltreppen zugeschwemmt wurde, merkte ich, daß ich gerade Zeuge eines sehr eindrücklichen kleinen Gleichnisses geworden war. Ich wollte es Ihnen nicht vorenthalten.

Danke fürs Interesse – und bis bald!

*Curtis*

# Gebete für den Monat

### *Von Cissy Booth, sieben Jahre*

*Gott ich bete das mein liblingslemchen binky von unserem Bauernhof in den Himel kommt und bei uns allen ist wenn wir schterben ich glaub schon weil ich hab in gegessen also ist er in mir drin genau wie Jesus ein paar schtüke von im sind auch in ferschidenen andern Mitglidern unsrer Famielje aber bitte kannst du in wieder zusammensezen wenn du ale schtüke beisamen hast das wird beschtimt ein schwirikes pussel aber du schafst das beschtimt das lam das Frank heist brauchst du nicht zusamensezen der hat mich immer mit dem kopf geknufft amen.*

---

**Urlaubsreif?**

Endlich mal wieder auftanken? Sehnsucht nach Alleinsein mit Gott? Kommen Sie in unser Haus der Stille nach Plitchcock Manor! Alle Zimmer mit Stereoanlage und Farb-TV.

**Gleich Hochglanz-Parkett anfordern beim Schädel, Postfach 17.**

# Lyrik Ecke

## Ein alphabetisches anglikanisches Gedicht
**Von Adam Booth**

**A** ist für alberne Damenhüte,

**B** ist für Beffchen und Bonbontüte,

**C** ist für Caritas und für Choräle,

**D** ist düst're Gemeindesäle,

**E** ist für England und ehrfürchtig schweigen,

**F** ist für Fasten und Frömmigkeit zeigen,

**G** ist für Grabstein und für Gemäuer,

**H** ist für Himmel und Höllenfeuer,

**I** ist für irgendein irres Gedicht,

**J** ist für Jute und Jüngstes Gericht,

**K** ist für Kirche und Klerikerkragen,

**L** ist für liebevoll in allen Lagen,

**M** ist für Morgengebet und Moderne

**N** ist für „Nun etwa? Nein, das sei ferne",

**O** ist für Orgel und offenes Ohr,

**P** ist für Preisen, kommt bei uns nicht vor,

**Q** ist für Quark, den der Pfarrer quasselt,

**R** ist für richtig heruntergerasselt,

**S** für Sünde und auch für Synode,

**T** ist für Theologie bis zum Tode,

**U** ist für Unsinn und Umständlichkeit,

**V** für Vikare mit zu wenig Zeit,

**W** steht für eine verderbte Welt,

**X** dafür, daß mir nur Xerxes einfällt,

**Y** macht Yuppies auch nicht froh,

**Z** sind wir alle, Z steht für Zoo

# Waschen Sie Ihre SCHMUTZIGE WÄSCHE
## mit Simon Bleach

**?** Lieber Simon,
mein Ehrgeiz ist es, wie dieser Mann zu sein, der Lieder und Chorusse schreibt, die in Gemeinden überall im Land oder gar auf der Welt gesungen werden. Ich habe schon eine Menge geschrieben, aber ich bin nicht sicher, was ich jetzt damit machen soll. Da habe ich mich gefragt, ob Sie vielleicht ein paar Ideen haben. Ich dachte mir, vielleicht hilft es was, wenn ich Ihnen eine Arbeitsprobe mitschicke. Dies ist der erste Teil eines Chorusses mit Bewegungen und Requisiten, den ich mir ausgedacht habe, nur um Ihnen mal einen Eindruck zu vermitteln. Er heißt „Wir wollen Gott".
WIR WOLLEN GOTT IN UNSERM DENKEN (Während ich diese Zeile singe, deute ich auf meinen Kopf)
UND GOTT IN UNSERM TUN (Ich deute auf meine beiden Beine)
GOTT IN UNSERN GELENKEN (Ich mache Kniebeugen und deute auf meine Knie)
UND GOTT IN UNSERM HUHN (Ich nehme ein echtes gebratenes Hühnchen in die eine Hand und deute mit der anderen darauf)
WIR WOLLEN SALZ FÜR UNSERN NÄCHSTEN SEIN (Ich nehme mit der freien Hand einen großen Salzstreuer und tue so, als ob ich ihn über die ganze Gemeinde ausstreue)
DES WEINSTOCKS WAHRE REBEN (Ein Helfer hängt mir von hinten Plastiktrauben über die Schultern)
ERFÜLLT VON DES GEISTES KRAFT (Hier eine Prise Humor – ich lege die anderen Sachen hin, setze zum Schein eine Flasche Whisky an und lasse meinen Bizeps spielen – erfüllt von des Geistes Kraft, verstehen Sie?)
DIESEM LAND EIN ZEICHEN GEBEN (Mit meiner freien Hand hebe ich einen großen orangen Verkehrskegel hoch, um zu zeigen, daß wir in Bewegung sind, aber auf kontrollierte, gesteuerte Weise)
Das ist nur der erste Teil, es folgen noch vier weitere Strophen, jedesmal mit anderen Bewegungen und Gegenständen. Könnten Sie mir anhand dieses Beispiels Ihre freimütige Meinung sagen, ob ich weitermachen und was ich als nächstes tun sollte? Ich weiß, manche Leute meinen es nicht wirklich ernst, wenn sie sagen, sie wollen eine ehrliche Meinung hören, aber ich möchte wirklich, ehrlich, daß Sie genau das sagen, was Sie denken. Wenn Sie meinen, das hat was, dann sagen Sie es, freut mich riesig, und wenn Sie nicht beeindruckt sind, vergeuden Sie keine Worte, sondern sagen Sie einfach rundheraus, daß es ein Haufen Mist ist, und damit hat es sich.
**Mike**

**!** *Lieber Mike,
es ist ein Haufen Mist.*
**Simon**

• • • • • • • • • • • • • • • • • • • •

**?** Lieber Simon,
ich war kürzlich auf einer großen christlichen Konferenz an der Südküste, auf der Suche nach Kraft und Motivation, um etwas wirklich Nützliches für Gott zu tun. Während ich dort war, umringten mich einige der Brüder und Schwestern mehr als zwei Stunden lang und marinierten mich in ihren Gebeten. Ich glaube, nach dieser Erfahrung bin ich nun zubereitet. Was meinen Sie?
**Robert**

**!** *Lieber Robert,
ja, mit ein paar leichten Gewürzen und fünf Minuten auf dem Grill werden Sie ganz sicher rasch für den Herrn verzehrt werden.*
**Simon**

### Örtliche Redensarten
**Eingesandt von Velma Cumbersome**

*„Man kann in einer pechschwarzen, stürmischen Nacht mit dicken Wollhandschuhen an nicht aus verfaultem Kohl kleine, filigrane Porzellanfigürchen machen."*

# SCHLAGLICHT

## NIGEL & CAROLINE ASHBY
### VON HENRY KING

Es ist Zeit für mein drittes Schlaglicht-Interview. Inzwischen fühle ich mich wie ein mit allen Wassern gewaschener Reporter. In meinem Notizbuch steht schon einiges geschrieben, und einer meiner Kulis ist am Ende ein bißchen angekaut. Diesen Monat besuche ich die Familie Ashby, die in der neuen Siedlung hinter dem noch neueren Supermarkt wohnt, wo früher der Marktplatz war. Pünktlich um vier am Samstag nachmittag treffe ich in der Chisholm Avenue vierundzwanzig ein, wie ich es letzte Woche mit Nigel Ashby verabredet habe.

Während ich stehenbleibe, um die Hausnummer zu überprüfen, höre ich aus dem Innern des Hauses fernen Gesang und etwas, das sich anhört wie ein Tamburin.

## Beeindruckt

Durch das hölzerne Gartentor, auf dem ein Schild verkündet: „DIESES HAUS GEHÖRT DEM HERRN, ALSO AUCH DIR", gelange ich in einen sehr gepflegten Vorgarten, in dem Blumen ordentlich in vollkommen unkrautfreien Beeten wachsen. Das ganze Haus sieht aus wie aus dem Ei gepellt. Als auf mein Klopfen hin ein kleiner Junge von ungefähr acht Jahren an die Tür kommt, sieht auch er so aus wie frisch aus dem Ei gepellt. Seine Kleidung ist vorwiegend weiß, und soweit ich sehen kann, ist er vollkommen sauber.

Ich sage: „Guten Tag, sind deine Mama oder dein Papa zu Hause?"

Der kleine Junge sagt: „Willkommen in unserem Haus. Sie müssen Mr. King sein. Ich heiße Anthony. Meine Mutter und mein Vater erwarten Sie. Bitte kommen Sie herein, ich werde ihnen sagen, daß Sie hier sind."

## Radio 4

Zutiefst beeindruckt folge ich Anthony durch den makellosen Flur in eines jener länglichen Wohnzimmer, die durch Zusammenlegung zweier Räume zu einem entstehen. Nigel und Caroline Ashby und zwei Mädchen, die ihre Töchter sein müssen, sitzen in einem angedeuteten Kreis zusammen. Nigel hat eine Gitarre, während die anderen Liederbücher in den Händen halten und ihre aufgeschlagenen Bibeln neben sich liegen haben. Eine der Töchter hat das Tamburin in der Hand, das ich gerade eben von draußen gehört habe.

Als sie mich durch die Wohnzimmertür treten sehen, ist es, als wäre gerade der wunderbarste Mensch des ganzen Universums unverhofft hereingekommen. Nigel legt sogleich seine Gitarre zur Seite, springt auf, kommt auf mich zu und drückt mir kräftig die Hand. Er hat eines jener Gesichter, die durch ein Auge Herzlichkeit und durch das andere verantwortungsbewußte Sorge ausdrücken können. Seine Stimme klingt kräftig, aber warm wie ein Sprecher von Radio 4.

„Henry!" sagt er. „Wirklich schön, Sie zu sehen, mein Lieber. Wir sind gerade mit unserer Familienandacht fertig. Cass und ich haben uns schon den ganzen Tag auf Ihren Besuch gefreut, nicht wahr, Cass?"

## Begeistert

Caroline Ashby ist sehr attraktiv, aber offensichtlich auch sehr erwachsen. Als sie mich anlächelt, scheint es, als könne ihr das Leben kaum eine größere Befriedigung verschaffen als meine faszinierende Gegenwart. In ihren Augen liegt ein Blick, als wüßte sie die Antwort auf alle Fragen. Insgeheim regt sich in mir der Wunsch, mich auf ihren Schoß zu setzen und mich von ihr knuddeln zu lassen, während ich ihr meine kleinen Geheimnisse erzähle.

„Henry", sagt sie, „die Mädchen konnten es gar nicht erwarten, Sie kennenzulernen. Das hier ist Ruth, sie ist dreizehn, und das hier ist unsere Älteste, Mary, sie ist sechzehn."

Die Mädchen sehen sehr hübsch und sehr rein aus. Sie lächeln strahlend und begrüßen mich mit einem bezaubernden kleinen Winken. Es scheint tatsächlich, als wären sie ganz begeistert davon, mich zu sehen. Keine Ahnung, warum.

„Die Mädchen sind ziemlich sauer auf uns", sagt Nigel, „weil wir ihnen gesagt haben, daß sie bei dem Interview nicht dabei sein können."

Ich sehe mir die Töchter an. Diese Mädchen sind nicht sauer. Sie kichern über den Scherz ihres Vaters. Ich glaube überhaupt nicht, daß diese Mädchen sehr oft sauer sind. Caroline berichtet, sie hätten sich gestritten, welche von ihnen mir etwas zu trinken bringen dürfe, und Mary habe gewonnen. Mary ist so besorgt und aufmerksam in ihrem Verlangen, zu erfahren, ob ich etwas trinken möchte, und wenn ja, was für ein Getränk mir genehm wäre, daß ich ein bißchen verlegen werde. Schließlich nehme ich das Anerbieten höflich an und bitte um eine Tasse Kaffee. Alle nicken, als hielten sie das für eine ungemein kluge Wahl.

## Beraubt

Während Mary mit ihrer Mutter in der Küche verschwindet, drängt mich Nigel, in dem offensichtlich bequemsten Sessel des Zimmers Platz zu nehmen. Die dreizehnjährige Ruth kommt und setzt sich dicht neben mich auf meine Armlehne, als wäre ich schon seit Jahren ihr Lieblingsonkel. Während sie mir beim Reden zuhört, sind ihre Augen so klar und voller Vertrauen, daß ich mir verzweifelt wünsche, ich wäre so ein Erwachsener, wie sie offenbar alle Erwachsenen sieht, weil sie von solchen Erwachsenen erzogen wurde, wenn Sie verstehen, was ich meine.

Anthony sitzt uns auf einem Stuhl gerade gegenüber und strahlt jungenhaften Charme und angemessene höfliche Zurückhaltung aus.

Schließlich kommt mein Kaffee, und die Kinder defilieren höflich hinaus, wenn es ihnen auch zu widerstreben scheint, meiner faszinierenden Gegenwart beraubt zu sein. Nur Nigel, Caroline und ich bleiben im Zimmer zurück. Ich bringe es nicht über mich, sie Cass zu nennen. Ich schaffe es einfach nicht. Ich hole Notizbuch und Stift hervor. Nigel und Caroline beugen sich auf ihren Sesseln vor, beide die Stirn vor wacher Erwartung, totaler Kooperation und unverwässerter Bereitwilligkeit gekräuselt. Ich komme mir ein bißchen albern vor, als ich meine erste Frage vorlese.

## Verdutzt

Ich sage: „Nigel und Caroline, Sie sind in St. Yorick's berühmt dafür, daß Sie das Gemeindewochenende ausrichten und jeden Sonntag die Leute an der Tür begrüßen und in der Woche Bibelgruppen leiten und so. Wann haben Sie gemerkt, daß Sie die Gabe der Gastfreundschaft haben – die Gabe, sich um andere Menschen zu kümmern?"

Nigel blickt ehrlich verdutzt drein. Er sagt: „Nun, das ist sehr nett von Ihnen, daß Sie das alles sagen, Henry, aber eigentlich machen wir doch gar nicht so viel, oder, Cass? Na ja, Cass schon." Er ergreift zärtlich die

Hand seiner Frau. „Cass hat wirklich die Gabe, verletzte Leute aufzurichten und wieder auf die Beine zu stellen, nicht wahr, Liebling?"

Caroline sagt: „Wir hatten sehr großes Glück, Henry. Der Herr hat uns das große Vorrecht gegeben, daß wir mit einer Menge Menschen mit tiefen Verletzungen zusammenkommen, so daß wir ein ganz kleines Glied in der Kette seiner liebevollen Fürsorge sein können. Wir staunen immer wieder darüber, daß er uns gebraucht, nicht wahr, Nigel?"

Nigel nickt und sagt: „Ich kann mir vorstellen, daß der Herr auch mit Ihnen große Pläne hat, Henry. In welche Richtung führt er Sie denn?"

Ich sehe in ihre Gesichter. Sie wollen es wirklich wissen. Caroline sieht mich an, als ob ihr ganzes zukünftiges Glück von meiner Antwort auf Nigels Frage abhinge. Ich möchte nur noch in ihre Augen hineinfallen und mich dort geborgen fühlen.

## Impuls

Ich erwidere mit dünner Stimme: „Tja, ich hoffe irgendwie – und glaube auch –, daß, na ja, daß ich vielleicht so eine Art Journalist werden könnte. Darum – darum habe ich mich auch für diese Schlaglicht-Sache gemeldet."

Nigel und Caroline reagieren auf diese schwächliche Hoffnungsäußerung mit einem staunenden Lächeln und einem Nicken voll wohlüberlegter Zustimmung.

Nigel sagt: „Also, es ist wirklich eine Ehre für uns, Anteil am Beginn Ihrer Karriere haben zu dürfen, Henry, mein Lieber. Das werden wir nie vergessen, nicht wahr, Cass?"

Caroline nickt und lächelt so herzlich, daß mich der Drang überkommt, mich vor ihr auf den Rücken zu rollen, Arme und Beine in die Luft gestreckt, nur um ihr nahe zu sein. Gott sei Dank widerstehe ich dem Impuls.

Sie sagt: „Wenn Sie erst ein berühmter Reporter sind, Henry, und wunderbare Dinge für Gott tun, werden wir uns daran erinnern, daß wir unter den ersten Leuten waren, die sie interviewt haben. Darauf werden wir sehr stolz sein."

Meine nächste Frage steht nicht auf meiner Liste, aber ich kann sie mir nicht verkneifen. Sie platzt einfach aus mir heraus. „Wie kommt es, daß Sie – alle beide – so sind, wie Sie sind, so nett und glücklich, mit netten Kindern und einem sauberen Haus, daß Sie Familienandachten haben und von allen anderen immer nur das Beste denken und so, wenn doch die meisten Leute ganz anders sind. Ich meine, warum macht Gott nicht alle Christen so wie Sie?"

Einen Augenblick lang starren mich die Ashbys mit offenen Mündern an, dann brechen beide in schallendes Gelächter aus. Nach einer kleinen Weile wischt sich Nigel die Augen und sagt: „Aus Ihnen wird ein großartiger Journalist werden, wenn Sie weiterhin solche Fragen stellen, Henry, mein Lieber. Das hat uns eben wirklich ein bißchen aus der Fassung gebracht." Er sieht Caroline an, die ihm ganz sanft zunickt. Als Nigel weiterspricht, hört er sich sehr ernsthaft an.

„Sehen Sie, Henry, das ist eine wichtige Frage, und deshalb werde ich sie richtig beantworten, und ich werde nicht albern sein. Es ist nicht ganz so wunderbar und einfach, wie es aussieht,

aber Sie haben recht. Wir hatten großes Glück mit unserer Ehe und unseren Kindern und alledem, und wenn ich von ‚Glück' spreche, soll das keine Undankbarkeit gegenüber Gott sein.

## Medaille

Er kümmert sich unaufhörlich um den allerwichtigsten Teil von uns, aber vieles liegt einfach daran, wie wir gemacht sind. Ich glaube, wir hätten auch eine ziemlich gute Ehe, wenn wir keine Christen wären. Aber die wirklichen Helden, die eine große, dicke Medaille verdient haben, wenn sie in den Himmel kommen, sind die Leute, die ständig mit dem zu kämpfen haben, wer oder was sie sind oder woran sie leiden, und trotzdem nicht aufhören, Jesus nachzufolgen. Wir kennen da ein paar echte Kämpfer. Wir begegnen ihnen ständig, und wir sind voller Bewunderung für sie. Cass und ich haben eine Menge empfangen, und deshalb wird uns auch eine Menge abverlangt werden. Verstehen Sie, was ich meine?"

Als ich ein paar Minuten später durch den Vorgarten gehe, winkt mir die ganze Familie heftig nach, so daß ich mir vorkomme wie ein Star.

Es ist ein Glück für St. Yorick's, daß wir die Ashbys haben, wie zufällig sie auch sein mögen.

# ANSCHLAGBRETT

## GOTTESDIENSTE

### SONNTAG
8.00 Uhr  Kommunion
9.30 Uhr  Vanillengottesdienst
11.00 Uhr  Magengebet
18.30 Uhr  Abendgebet

### MITTWOCH
10.30 Uhr  Kontinuum

---

**Pfarrer Harcourt-Smedley** bat mich, zu veranlassen, daß in dieser Ausgabe des „Schädel" ein Auszug aus Bischof Stanleys Adresse veröffentlicht wird. Ohne Zweifel hofft er, daß einige von uns dem Bischof schreiben werden, um ihm unseren Dank für seinen Besuch im April auszudrücken. Hier ist die Adresse. Ich führe sie vollständig auf, da ein Auszug eine richtige Zustellung vielleicht nicht sicherstellen würde:

**Bischof Stanley Purley**
Trinity House, Cathedral Lane
Wexford LM22 3CV

Sicherlich wäre der Bischof dankbar für einen frankierten und adressierten Rückumschlag, falls eine Antwort erforderlich ist.

*Miss C. Fitt, Gemeindesekretärin*

---

**Hallo, Ihr Lieben, hier ist Dave Billings.** Ich weiß, es hört sich lächerlich früh an, aber nach dem Fiasko im letzten Jahr möchte ich wirklich frühzeitig daran erinnern, daß jede Menge Leute sich an dem Bunten Abend zum Erntedankfest gegen Ende dieses Jahres werden beteiligen wollen (haufenweise Leute haben mir gesagt, daß sie diesmal etwas wirklich Besondere darbieten wollen). Also nicht lange fackeln – nennt mir Eure Namen, so bald Ihr irgend könnt, und ich sichere Euch einen Platz auf der Liste. Ich suche Komiker, Musiker, Schauspieler, Jongleure, Tänzer – je mehr, desto lustiger wird's! Ich freue mich schon darauf, von Euch zu hören, Leute!

**Sprecht mich in der Kirche an oder ruft mich an unter 568074.**

---

## DER JUGENDCLUB

trifft sich am Freitag, dem 30. Juni, hinter der Kirche zu einem besonderen Halbjahresausflug. Die örtliche Feuerwehr hat sich großzügig bereit erklärt, uns durch die Station zu führen. Sollte es freilich einen Alarm geben, werden wir wohl nur einige Leute zu sehen bekommen, die rasch an der Stange herablutschen! Laßt Euch diese außergewöhnliche Gelegenheit nicht entgehen.

---

Alle sind herzlich eingeladen, am Samstag, dem 24. Mai, in den Gemeindesaal zu kommen, wo Mitglieder der Gemeinde eine dramatische Bearbeitung des Kommens des Heiligen Geistes zu Pfingsten im Obergemach darbieten werden. Die Aufführung, geplant, verfaßt und inszeniert von Victor Clements, beginnt um 19.30 Uhr und verspricht, etwas sehr Außergewöhnliches zu werden, wenn auch Victor sich weigert, konkrete Einzelheiten preiszugeben. Nach der Aufführung werden heiße und kalte Gelenke serviert.

---

## Der Frauenkreis

trifft sich am Donnerstag, dem 15. Mai, bei Mrs. Tyson in der Butterwick Avenue. Diesen Monat wird Mrs. Burwick uns fachkundige Tips geben, wie wir unsere Beine schöner machen können. Dies wird ein Bring&Shave-Abend sein.

# KINDER-ECKE

**Von Orel Spigget**

*Hi!* Unsere heutige Botschaft gilt für *Eltern und Kinder!*

Letzten Sonntagmorgen saßen *während* des Gottesdienstes zwei *ungezogene* Kinder *direkt hinter mir!* Ich warf ihnen einen strengen Blick zu, doch, liebe Freunde, sie *feixten* nur und *lachten* und hörten nicht auf, hinter *meinem* Rücken zu *kichern und zu flüstern!*

Als ich ein kleiner Junge war, wäre ich für so ein Benehmen nach *draußen gezerrt*, ordentlich *ausgeschimpft* und *kräftig verhauen* worden! Doch leider ist eine solche Reaktion in unserer wilden Zeit *nicht mehr üblich.* Ich habe die Eltern dieser Kinder kennengelernt und *weiß*, daß sie zu jener *liberalen Sorte* gehören, die Zucht für ein *schmutziges Wort* halten!

Doch *wie denkt Gott darüber?* Ist unser Gott ein wabbelweicher Vater, der sich davor fürchtet, seine auf Irrwege geratenen Kinder zu *züchtigen?* Meine Bibel sagt: *Nein, das ist er nicht!*

Gott *behandelte* die Kinder Israel folgendermaßen. Er ließ sie *vierzig Jahre lang* durch die Wüste wandern. Meine Freunde, er ließ zu, daß benachbarte Völker sie angriffen, besiegten und *in die Sklaverei verkauften.* Ja, das tat er! Er ließ *Krankheiten* über sie kommen und Teile ihrer Körper *abfallen.* Freunde, er ließ

sie in ihrem Elend *sterben.* Warum? Weil er sie *liebte.* Das ist *Zucht!* So *sollten* Eltern mit ihren Kindern umgehen.

Kinder der Gemeinde, begreift doch, daß Eure Eltern, wenn sie Euch lieben, *Euch auf genau diese Weise züchtigen werden!* Und wenn Ihr Euch diese Zucht dennoch nicht zu Herzen nehmt, *denkt* an die Worte aus 5. Mose 21:

**Wenn jemand einen widerspenstigen und ungehorsamen Sohn hat, der der Stimme seines Vaters und seiner Mutter nicht gehorcht und auch, wenn sie ihn züchtigen, ihnen nicht gehorchen will, so sollen ihn Vater und Mutter ergreifen und zu den Ältesten der Stadt führen und zu dem Tor des Ortes ... So sollen ihn steinigen alle Leute seiner Stadt, daß er sterbe.**

Bis dann! Ich *beobachte* Euch nächsten Sonntag!

# DER SCHÄDEL

**JUNI** 1,–

Gemeindezeitung der Pfarrei St. Yorick's, Gently Down

**Juni ist noch gar nicht alt, doch der Juli kommt schon bald**

**GLAUBE IN AKTION**

*„Und warum habt ihr uns aus Ägypten geführt an diesen bösen Ort, wo man nicht sägen kann ...?"*

4. MOSE 20,5

**PFARRER:** REVEREND RICHARD HARCOURT-SMEDLEY D.D. TEL: 569604
**WIRKER:** REVEREND CURTIS WEVARMOL B.D. TEL: 563957
**KIRCHENVERSPRECHER:** MR. C. VASEY B.A. TEL: 563749
**PFARRSEKRETÄRIN:** CHRISSIE FITT K.E.B.T. TEL: 569604
**SCHÄDEL-BEITRÄGE AN HENRY PITCHER, 3 FOXGLOVE ROAD: 563328**

# Ein Brief des Pfarrers

### ... und eine Entschuldigung des Pfarrers

Ich überschütte den Himmel täglich mit Dankgebeten für die Annehmlichkeiten, die mir durch die Arbeit meiner Sekretärin, Miss Fitt, zuteil werden, doch ein kleines Mißverständnis, zu dem es im letzten Monat kam, bedarf einiger klärender Worte. Als ich darum bat, die Adresse unseres verehrten Bischofs Stanley in der Gemeindezeitung zu veröffentlichen, bezog ich mich natürlich auf die Predigt, die er während seines letzten Besuchs hielt, nicht auf den Namen seiner Straße und seine Postleitzahl. Leider (so nehme ich an) reicht der Platz nur für einen ganz kurzen Auszug aus der beeindruckend ausführlichen und gelehrten Ansprache des Bischofs aus. Möge Gott sie an den Herzen jener unter uns segnen, die sie nicht vollkommen unverständlich finden, und möge sie dazu angetan sein, den ohnehin überreichlichen Verstand von Miss Fitt weiter zu vergrößern.

---

## Auszug aus der Ansprache des Bischofs

*„Eure Rede aber sei: Ja, ja; nein, nein."*
Matthäus 5,37

*Ist es nicht so, daß das Leben voller Gelegenheiten ist, „Ja" zu sagen oder „Nein" zu sagen? ... gerade diese Woche stand ich vor genau diesem Dilemma, als mir eine Frage gestellt wurde, auf die realistisch nur eine jener zwei möglichen Antworten zur Verfügung stand. Letzten Endes konnte ich bestätigend antworten, oder ich konnte eine negative Erwiderung geben. Zwei verschiedene potentielle Trends, die mich aufgrund der unübersehbaren Gegensätzlichkeit ihrer Naturen zweifellos in diametral entgegengesetzte Richtungen führen würden, je nachdem, für welche der beiden Optionen ich mich entschied. Und es ist in der Tat dieses Bewußtsein des Kontrastes, der die Verschiedenartigkeit der theoretisch resultierenden Konsequenzen beleuchtet, das uns die wahre Ungleichartigkeit der Elemente dieses Zwiespalts aufgehen läßt, vor dem wir so oft stehen. Die Glaubwürdigkeit und Integrität, die wir in die Handhabung einer solchen Wahrnehmungskrise einbringen, hängen fast ausschließlich von der Entwicklung rational gültiger Einsichten in die Phänomenologie dessen ab, was wir unter moralischem oder aufgabenorientiertem Aspekt als ihr Für und Wider begreifen ...*

*... darum ist es wesentlich, daß unsere Devise auch weiterhin „Schlichtheit" lautet. Stimmen Sie mir nicht zu?*

*Achten wir darauf, daß unser Ja ein Ja und unser Nein ein Fein sei.* **Amen.**

## Labe Gefeinde,

es erscheint mir angemessen, etwas zu der besonderen Pfingstveranstaltung anzumerken, die letzten Monat in unserem Gemeindesaal stattfand. Die individuellen Reaktionen auf die außerordentlichen Ereignisse jenes Abends schwankten zwischen verschiedenen Extremen. Ein hoch angesehenes Gemeindeglied bezeichnete den Anlaß als „eine Schande und eine nachhaltige Verunstaltung, nicht nur auf dem Antlitz der örtlichen anglikanischen Kirche, sondern auch auf dem der Gemeinde Christi allgemein", während George Pain, ein Gemeindeglied, das nach meiner Kenntnis keinerlei Ansehen genießt, äußerte, er habe sich „schon seit Jahren nicht mehr vor Lachen so naßgemacht".

Hätte man mich zu Rate gezogen, was leider nicht geschah, so hätte ich den allgemeinen Gedanken einer Aufführung mit dem Ziel einer dramatischen Schilderung des Zusammenkommens der Jünger im Obergemach am Pfingsttag vielleicht vorsichtig unterstützt, aber von gewissen konkreten Aspekten des Abends hätte ich äußerst eindringlich abgeraten. Insbesondere hätte ich ganz gewiß Vorbehalte gegen die Art und Weise geäußert, wie man die Flammenzungen darzustellen plante.

Zweifellos muß es doch wenigstens einem oder zweien der, wie ich annehme, durchaus intelligenten Beteiligten überaus klar gewesen sein, daß der Einfall, den Darstellern der Jünger Gaszylinder auf den Rücken zu schnallen, ein Akt beispiellosen Wahnsinns war. Mir ist unbegreiflich, wie ein vernünftiger Mensch es für möglich halten konnte, daß eine so große Gruppe von „Schauspielern" nicht nur unbemerkt und gleichzeitig ihre Gaszylinder mit Feuerzeugen entzünden, sondern dies auch noch auf eine Weise tun könne, von der ein normales Publikum sich gerne hätte überzeugen lassen, daß die dadurch entstehende, hörbar zischende Flamme über ihren Köpfen durch den Heiligen Geist und nicht durch Propangas verursacht sei.

Dennoch, wäre dies das einzige Problem gewesen, das dem Gelingen des Projektes im Wege stand, so hätte alles noch einigermaßen gutgehen können –

# Gebete für den Monat

### Eingesandt aus der ganzen Gemeinde

*Für den lieben Villum, daß der Schwamm seinen Dienst tun möge ... Für Elspeth, die sich so betrogen fühlt, daß ihre Hängematte halten möge ... Für den anspruchsvollen Douglas, daß nichts Wesentliches entfernt werden möge ... Für Veronica, daß die ganze Sache sich klären und die Abrechnung eine Formalität sein möge ... Für James und Ben, daß größere Höhen ihr Problem lösen mögen ... Für Maureen, daß sich die Mode eines Tages drastisch ändern möge ... Für Mavis, so geduldig, daß es sehr bald wieder zu einem Anschalten kommen möge ... Für Daniel, in den Fängen der Meteorologie, daß er eines Tages wieder klare Sicht gewinnen und zu seiner trauernden Familie zurückkehren möge ... Für Raymond, daß er Klettverschlüsse in einem neuen Licht sehen und seine Ängste ablegen möge ... Für Winnie, daß die Flecken sich als auswaschbar erweisen mögen ... Für Stanley, voller Angst vor seinen eigenen Schulterblättern, daß er aufhören möge, davonzulaufen ... Für Brian, der es leid ist, ständig abgewogen zu werden ... Für Pansy, daß die Krähen gedeihen und ein höherer Zaun errichtet werden möge ...* **Amen**

## Örtliche Redensarten

Eingesandt von „Cordless" O'Leary

*„Die erste Scheibe wird zuletzt geschmiert."*

ein wenig absurd, versteht sich, aber einigermaßen gut. Doch das Zusammentreffen der aus Papier gefertigten Kopfbedeckungen und der Weigerung der Organisatoren des Fiaskos, auf eine buchstäbliche Darstellung des „Brausens vom Himmel wie von einem gewaltigen Wind" zu verzichten, ließ dieser Hoffnung keine Chance. Eine plötzliche, äußerst heftige Luftbewegung, erzeugt von einer meines Wissens als Windmaschine bekannten, eigens für diesen Abend angemieteten Vorrichtung, brachte flatternde Teile von zwei jener Kopfbedeckungen in engste Berührung mit den falschen Flammenzungen ihrer jeweiligen Träger, worauf sich besagte Kopfbedeckungen in abrupter und höchst schreckenerregender Weise entzündeten. An diesem Punkt betrat, in einem Augenblick verblüffend lebensechter Surrealität, ein Feuerwehrmann in voller Uniform, offenbar anwesend, um einer ebensolchen Eventualität zu begegnen, mit einem roten Metallzylinder in der Hand die Bühne und schickte sich an, den Heiligen Geist vollständig zu löschen.

Glücklicherweise kam bei diesem kurzen Aufflammen niemand zu Schaden, doch die Vermutung drängt sich auf, daß, sollten unter den Zuschauern an diesem Abend Leute gewesen sein, die sich ihrer Entscheidung für den christlichen Glauben noch unsicher waren, diese traurige Darstellung der Urgemeinde in einem niedergeschlagenen, durchnäßten und feuerlosen Zustand ihnen wohl kaum als Ansporn dienen konnte, sich der Lehre unseres Herrn von ganzem Herzen zu öffnen. Hoffen wir, daß in Zukunft weniger ehrgeizige, dafür aber durchführbarere Versuche unternommen werden, die Geschichte von Pfingsten zu erzählen.

Vom Schwertfisch Ihres Pfeifers

***Riskand Handcount-Seedley***

# Lyrik Ecke

## Mein Leben und Werk
**Von H. Tuttsonson**

*Seit fünfzehn Jahren führ' ich schon
in unserm hübschen Städtchen
'ne nette Frühstückspension,
und dabei dient als Mädchen
für alles mir mein Gatte Sid.
Die Zimmer haben Brause,
Bad und WC und Satellit,
nichts fehlt in unserm Hause.
Nun kam am letzten Freitag mir
'ne herrliche Idee,
ich sag' zu Sid: „Sid, weißt du was?"
Sid grübelt und sagt: „Nee."
Ich sage: „Sid, wie wär' es denn,
wenn ich mal so ab viere
im Garten, wenn die Sonne scheint,
Tee und Gebäck serviere?"
Er sagt: „Na ja, das wäre drin,
doch wer pflegt dann den Rasen?"
Er schaut mich an, ich schau ihn an,
er nickt und sagt: „Die Hasen!"
Nun gibt es auch Nachmittagstee
bei uns an allen Tagen.
Die Arbeit ist gewiß nicht leicht,
doch Sid kann sie ertragen.
Wollen Sie Tee und B & B,
so fühlen Sie sich frei,
Anruf genügt! Die Nummer ist 569342.*

# WUNDER ERKLÄRT

## 3 Der Gang auf dem Wasser

**Aber in der vierten Nachtwache kam Jesus zu ihnen und ging auf dem See. Und als ihn die Jünger sahen auf dem See gehen, erschraken sie und riefen: Es ist ein Gespenst! und schrien vor Furcht.**
Matthäus 14,25–26

*Dressierte Fische*

In dieser wunderhübschen Geschichte kehren wir zu der schon in einer früheren Abhandlung erwähnten historisch auf der Hand liegenden Tatsache zurück, daß Jesus ehemals Besitzer eines Wander-Fischzirkusses war.

Ich halte es für höchst wahrscheinlich, daß die Furcht der Jünger noch verstärkt wurde durch das Phänomen, daß Jesus auf dem Weg zu ihnen über die Oberfläche des Sees abwechselnd plötzlich schneller und langsamer zu werden schien.

Der Grund? Nun, was wäre wahrscheinlicher, als daß er in Wirklichkeit auf dem Rücken eines großen, dressierten Fisches balancierte, der dicht unter der Wasseroberfläche schwamm; eines Fisches, der zwar den Launen seines Meisters unterworfen war, jedoch durch seine Beschaffenheit nicht in der Lage war, sich mit völlig gleichmäßiger Geschwindigkeit zu bewegen?

Als der Meister sich dem Boot näherte und deutlich sichtbar wurde, wird er wohl begonnen haben, auf der Stelle zu gehen wie Marcel Marceau, der große französische Pantomime. Kein Wunder, daß die Jünger beunruhigt waren. Was für ein Anblick das gewesen sein muß!

Für mich liegt das eigentliche Wunder nicht in einem magischen „Gang auf dem Wasser", sondern in der überaus langwierigen Dressur und Übung, die erforderlich gewesen sein muß, um eine solche Wirkung zu erzielen.

## Ein Platz für alle

# CROSSROADS!

Ein besonderer Artikel für die Urlaubszeit, exklusiv für den Schädel geschrieben von Christine Tuttsonson, die in dem neuen überkonfessionellen christlichen Konferenzzentrum Crossroads im Herzen von Großbritannien arbeitet

Guten Tag! Ich freue mich über diese Gelegenheit, Ihnen von Crossroads zu berichten. Seit zwei Monaten arbeite ich jetzt hier. Ich fühle mich schon richtig dazugehörig, und ich finde, dies ist die beste Einrichtung für Urlaub oder Konferenzen, die ich je gesehen habe (abgesehen von Mamas und Papas Bed & Breakfast in Gently Down, versteht sich!).

In Crossroads sind wir bemüht, auf Angehörige so ziemlich aller christlichen Konfessionen, die man sich vorstellen kann, einzugehen. Unser Ziel ist es, uns den Gästen anzupassen, welcher Kirche sie auch angehören mögen, und wir arbeiten sehr hart daran, das zu ermöglichen.

Nehmen Sie zum Beispiel Pfingstler und Leute aus Hausgemeinden. Sie sind wirklich begeistert von den Zimmern auf der Charismatischen Etage, wo die Decken ein klein wenig höher sind als sonst, und nicht nur die Betten, sondern auch die Fußböden mit Matratzen ausgelegt sind. Die Mahlzeiten können im Restaurant „Zur Entrückung" auf der Dachterrasse eingenommen werden, wobei wir allerdings darum bitten, daß die Rechnung entweder vor dem Essen beglichen wird oder daß beide Gäste in der Lage sind, zu bezahlen. Die Speisekarte ist jeden Tag dieselbe, bis auf die Frühstückskarte, die neu ist, jeden Morgen ist sie neu. Außerdem haben wir einen Aufenthaltsraum für Leute, die sich einfach nur entspannen wollen. Dort stehen immer reichlich Sitzplätze zur Verfügung, weil er kaum benutzt wird.

Für Gruppen aus den sogenannten Ortsgemeinden stehen übrigens ähnliche Einrichtungen zur Verfügung, allerdings zusätzlich mit vorgeschriebener Schalldämmung in allen Räumen.

Baptisten kommen besonders gern zu uns, vielleicht, weil sie wissen, daß sie bei uns Zimmer mit Bad finden, wobei die Badewanne mit einer Einstiegstreppe versehen ist und immer dann, wenn der Heißwasserhahn aufgedreht wird, aus einem automatischen Lautsprecher „Dir folg ich, Jesus, in die Flut" ertönt.

Im Gegensatz dazu sind die Zimmer auf der Anglikanischen Etage nur mit Handbrausen zum Haarewaschen und Babybadewannen ausgestattet und können so hoch oder niedrig im Gebäude angeordnet sein, wie es gewünscht wird. Eine kleine Anzahl von Zimmern verfügt über Fenster in Richtung Rom, unseren anglokatholischen Besuchern zuliebe. Übrigens sollte ich auch erwähnen, daß Teeküchen zum persönlichen Gebrauch aller nonkonformistischen Gäste zur Verfügung stehen, doch unsere anglikanischen Besucher bekommen Tee zu eigens festgesetzten Zeiten von der Hausleitung serviert. Zusätzlich wird jenen anglikanischen Gästen, die das bevorzugen, ein detailliertes Programm der Veranstaltungen des Tages geboten. Bisher bestand die Reaktion in einer Art monotonem Gemurmel.

Alle methodistischen Zimmer sind groß genug für Sitzungen, Sitzungen über Sitzungen und Sitzungen über Sitzungen über Sitzungen, alles zur gleichen Zeit.

Eine Auswahl von Zimmern im Erdgeschoß ist Mitgliedern der Uniert-Reformierten Kirche vorbehalten, die nicht in der Lage sind, die Treppen hinaufzusteigen oder herauszufinden, wie der Aufzug funktioniert.

Calvinistische Besucher haben Glück, denn in ihrem Fall ist eine Vorausbuchung nicht notwendig, doch im Gegensatz zu jenen Gruppen, die ihre Rechnungen im voraus regulieren, müssen sie am Ende zahlen und zahlen und zahlen.

Inzwischen können wir auch die Jesus-Armee aufnehmen, seit wir hörgeschädigte Mitarbeiter eingestellt haben, die eigens dafür geschult sind, sich nicht daran zu stören, wie oft sie bekehrt werden.

Alle Mitarbeiter hier sind besonders stolz auf unseren neuen Anbau, der durch separate Ein- und Ausgänge vom Rest der Einrichtung getrennt ist und eigens dazu errichtet wurde, daß Besucher aus den exklusiven Brüdergemeinden ganz sicher sein können, daß sie die einzigen Gäste im Konferenzzentrum sind.

Unsere Gäste sind herzlich eingeladen, sich unserer Hotelwäscherei zu bedienen, die dafür garantiert, daß selbst gestreifte Pyjamas automatisch weiß wie Schnee gewaschen werden, außer bei den Katholiken, die gebeten werden, persönlich zu festen Zeiten während der Woche um die Reinigung jedes Kleidungsstückes nachzusuchen. Katholische Besucher sollten auch beachten, daß es für sie erforderlich sein könnte, bei ihrer Ankunft eine beträchtliche Zeit am offenen Kamin im Foyer zu verbringen, bevor sie in ihre Zimmer geführt werden.

Unser beheiztes Hallenbad steht zum allgemeinen Gebrauch bereit, wobei Mystiker eher das tiefe Ende bevorzugen, während das flache Ende gewissen Gemeinschaften vorbehalten ist, die ihre Hände zum Klatschen frei haben müssen. Auch amerikanische Evangelisten haben jederzeit Zugang zum Becken, werden allerdings gebeten, im, nicht auf dem Wasser zu gehen.

Alles in allem arbeitet unser Hotel auf der Basis gegenseitigen Respekts und Vertrauens. Zum Beispiel werden die Gäste gebeten, livrierten Portiers keine Trinkgelder zu geben, da es sich aller Wahrscheinlichkeit nach um Heilsarmee-Offiziere handelt, die direkt vor dem Haupteingang Versammlungen unter freiem Himmel abhalten.

Unsere neueste Einrichtung ist der Einheitsraum, eine Stätte der ungezwungenen Begegnung für alle Gäste, welche Unterschiede auch immer zwischen ihnen bestehen mögen. Dieser Raum wird leider noch nicht richtig ausgenutzt. Nur ein Mann ist dort meistens anzutreffen, der allerdings weder Bediensteter noch Gast des Hotels ist, und seltsamerweise bringt es keiner von uns recht über sich, ihn zu fragen, was er dort zu suchen hat. Aber schließlich schadet es ja auch niemandem, daß er dort still und allein sitzt.

# Waschen Sie Ihre SCHMUTZIGE WÄSCHE
## mit Simon Bleach

**?** Lieber Simon,
finden Sie nicht auch, daß wir aufmerksam auf geistliche Botschaften lauschen sollten, die uns im Laufe unserer Versammlungen zuteil werden, auch wenn sie nicht immer auf Anhieb zu verstehen sind? Was zum Beispiel haben Sie sich für einen Reim gemacht auf jenen merkwürdigen, unerklärlichen aber seltsam erregenden Moment während des Gottesdienstes am letzten Sonntag unter Leitung des Vikars Curtis, als Earnest Dibling plötzlich von ziemlich weit hinten aus unerfindlichen Gründen mit lauter Stimme rief: „Nein, keine Tochter, nur einen Sohn, und der heißt Hermann!?" War das nicht unheimlich?

**William**

**!** *Lieber William,
Sie haben zwei sehr wichtige Dinge nicht berücksichtigt. Erstens hat Earnest Dibling, ebenso wie die meisten anderen Mitglieder seiner umfangreichen Familie, Probleme mit dem Hören. Zweitens hatte der Vikar gerade auf Philip Jaws, der mit erhobenem Arm direkt hinter Earnest Dibling saß, gedeutet und eine Frage an ihn gerichtet. Diese Frage war es, die Earnest Dibling völlig mißverstand und auf die er, in der Annahme, Curtis deute auf ihn, sogleich beantwortete. Somit nahm jener kurze, unbeabsichtigte, bislang unerklärliche und eigentlich überhaupt nicht aufregende Dialog folgende Form an:
CURTIS: Haben Sie ein Wort der Erkenntnis?
EARNEST: Nein, keine Tochter, nur einen Sohn, und der heißt Hermann.
Da sieht man, wie Kriege entstehen, nicht wahr?*

**Simon**

• • • • • • • • • • • • • • • • • • • • •

**?** Lieber Simon Bleach,
ich bin derjenige, der Ihnen vor zwei Monaten guten Glaubens eine Probe eines von mir geschriebenen Liedes mit dem Titel „Wir wollen Gott" zuschickte. Ihre Antwort auf meinen Brief in der letzten Ausgabe des „Schädel" habe ich mit völliger Fassungslosigkeit gelesen. Ich wäre Ihnen sehr dankbar, wenn Sie den Gebrauch von fünf Worten als angemessene Antwort auf mein Schreiben rechtfertigen könnten.

**Michael G. Strang**

**!** *Lieber Michael G. Strang,
kein Problem, ich verstehe Ihren Standpunkt und bin ganz einer Meinung mit Ihnen. Ich kann den Gebrauch von fünf Worten nicht rechtfertigen. Eigentlich wollte ich tatsächlich nur ein Wort verwenden, aber ich wollte anderen Lesern keinen Anstoß geben, und ich wollte Ihnen nicht den Eindruck vermitteln, ich hätte mir keine Mühe gemacht.*

**Simon**

• • • • • • • • • • • • • • • • • • • • •

**?** Lieber Simon,
mein Name ist Graham Clark, und wie Sie und die meisten anderen Leute in St. Yorick's wissen – und wenn Sie es nicht wissen, warum nicht? –, bin ich der unfähige Schwächling, der die Kontrolle über den Jugendclub verloren hat, der sich mindestens einmal im Monat trifft, um den Gemeindesaal zu zerstören.
Ich schätze, eine beträchtliche Anzahl Ihrer gottesfürchtigen Leser ist überrascht, daß ich überhaupt schreiben kann. Schließlich gehört ja nicht viel Hirn dazu, zwanzig oder dreißig

---

**Komplette Ausgabe der Werke von Adrian Plass.**

Unerwünschtes Geschenk.
Tausche gegen Cliff-Richard-T-Shirt, Alter, Größe und Zustand unerheblich.
Oder von mir aus gegen irgend etwas anderes.

Tel. abends 568692

Kinder an einem Wochentagsabend drei Stunden lang zu beschäftigen, besonders, wenn ein Drittel der Gruppe Johannes den Täufer zügellos aussehen lassen, ein Drittel Mike-Tyson-Fans sind und ein Drittel sich benimmt wie er. Und die Jungen sind noch schlimmer.

Wie auch immer, lassen wir all das beiseite (was ja sowieso immer gemacht wird): Im März schrieb der Pfarrer einen höchst kritischen und schlecht unterrichteten Brief in dieser Zeitung über das Benehmen des Jugendclubs – es ging um ein paar jämmerliche Stücke Pfannkuchen, die heruntergefallen waren, und einen kindischen Streich mit dem Schwarzen Brett – und ich hielt es nicht für der Mühe wert, darauf zu antworten, zumal der Pfarrer es, soweit mir bekannt ist (und mir dürfte wohl kaum etwas bekannt sein, das ich nicht mit eigenen Augen gesehen habe, da sich ja nie jemand die Mühe macht, mich über irgend etwas zu informieren), bisher nie als Teil seines Dienstes verstanden hat, die Organisation zu besuchen, aus der sich die Gemeinde der Zukunft rekrutieren wird. Gott sei Dank für den Vikar. Der hängt sich wenigstens rein!

Jedenfalls, im selben Brief begeisterte sich Harcourt-Smedley über die Ankunft einer neuen Gruppe kleiner Kinder, die meinen ungehobelten und bösartigen älteren Kindern ein Beispiel geben sollten, wie man sich benimmt. Von diesen Kindern, oder „Vorboten des Himmels", wie sie, glaube ich, lyrisch umschrieben wurden, sei wohl zu erwarten, daß sie wie kleine Knospen und Sprößlinge emporsprießen und aufgehen und Farbe in unser Leben bringen würden.

Nun, leider kann ich nichts über das Ausmaß sagen, in dem diese engelhaften Wesen emporgesprossen sein mögen, zumal ich keine Ahnung habe, wie man sich diesen Prozeß vorstellen muß, aber was ich als Leiter einer Gruppe, die sich am Abend nach dem Nachmittag trifft, an dem sie sich treffen, bezeugen kann, ist, daß bei ihrer letzten Zusammenkunft zumindest eines von ihnen quasi aufgegangen ist – erkennbar an der ekelhaften Windel, die in eine verborgene Spalte gestopft worden war.

Was die Farbe betrifft – nun, Harcourt-Smedley ist ein Prophet – die haben sie allerdings zweifellos in unser Leben gebracht. Das meiste davon scheint aus Farbtöpfen zu stammen, und in unser Leben gelangte sie über Stühle, Tische, Wände, Regale und eine Reihe anderer Oberflächen, die auch von anderen Benutzern des Gemeindesaals regelmäßig gebraucht werden.

Ich hoffe wirklich, daß diejenigen, die für diese kleinen Frühlingsgeister verantwortlich sind, die Situation in den Griff bekommen, sonst könnten die älteren Kinder zu dem Irrglauben verführt werden, sie könnten auch tun, was ihnen Spaß macht

**Graham Clark**

❗ *Lieber Nobby,
danke für die Bereitschaft, Ihren Ärger an uns allen auszulassen!*
***Simon***

Leider werden wir unsere Kinder-Ecke für einen oder zwei Monate aussetzen müssen, da inzwischen die lachhafte Situation eingetreten ist, daß Eltern ihre Kinder alles in der Gemeindezeitung lesen lassen, nur nicht die Kinder-Ecke. Orel Spiggett ist in ein fernes Land abgereist, wo die Kinder noch nicht in den Genuß seiner behutsamen Unterweisung gekommen sind, und Tante Audrey Pellett ist in ein noch ferneres Land gezogen, wo sie die Engel lieblich singen hört (inzwischen ist mir klar, daß der Konflikt, von dem sie sprach, vermutlich der Burenkrieg war).

Ich war Simon Bleachs Sohn Russell, der sich erbot, einen Comicstrip für die Zeitschrift zu zeichnen, als er hörte, daß es ein Problem gibt, sehr dankbar. Sehr lieb von ihm, aber ich glaube eigentlich nicht, daß ein Kind seines Alters einer so wichtigen Aufgabe gewachsen ist, meinen Sie nicht auch? *Also – gibt es Freiwillige? Hrsg.*

# NACHRUF

## Grant Soames
## gestorben am Montag, dem 20. April

Grant Soames war keiner von jenen Leuten, die sich endlos strebend bemühen. Statt dessen lehnte er die protestantische Arbeitsethik mit einer entschlossenen und einfallsreichen Beharrlichkeit ab, die schon bemerkenswert war. Grant, der keinerlei kleinliche, ungehobelte Unabhängigkeit in seiner Einstellung zu den staatlichen Institutionen duldete, legte äußerst großen Wert auf alles, was die Behörden ihm zu bieten hatten, und während des größten Teils seines Lebens holte er es sich jeden Donnerstag mit bereitwilliger, demütiger Empfänglichkeit ab.

Grants Anziehungskraft war nicht von der unmittelbaren, oberflächlichen Art. Nein, sie war tief, tief, tief in seinem Innern vergraben wie Gold in einer verlassenen Mine, so tief, daß niemand von uns sie je richtig zutage fördern konnte. Er war kein Mann, dem es um billige, leicht erworbene Beliebtheit zu tun war. Zum Beispiel beharrte Grant, in dem Wissen, daß Geben seliger ist als Nehmen, standhaft und hingebungsvoll darauf, daß andere dieses Segens teilhaftig wurden, insbesondere in der örtlichen Gastwirtschaft, wo seine Fürsorge für andere sich in der unverblümten Weigerung manifestierte, jemals selbstsüchtig eine Gelegenheit, einem anderen ein Bier auszugeben, an sich zu reißen. Grant war ein Mann von starken Überzeugungen – es sind zu viele, um sie hier aufzulisten.

Grant infizierte (Sicherlich inspirierte? Hrsg.) die Gegend, in der er lebte. Enge Nachbarn erinnern sich an ihn als einen Mann, der, indem er einen stechend klaren Brennpunkt der Aufmerksamkeit bot, direkt verantwortlich war für die Stärkung des Gemeinsinns unter denen, die in der Nähe seines Heims wohnten. Dieser Einigungsprozeß kulminierte auf dramatische Weise in der Überreichung einer Petition an den Stadtrat.

Viele Jahre lang lebten Grants Eltern nur zwei Straßen von ihm entfernt. Wäre Grant ein Mann von anderem Schlag gewesen, so hätte die Würde und Unabhängigkeit des Alters für sie leicht durch die ständige, erstickende Anwesenheit eines im Übermaß besorgten Sohnes unterminiert werden können. Nicht so Grant, dessen Taktgefühl in diesem Bereich ihn gewissenhaft jeden Besuch bei seinen Eltern vermeiden ließ, es sei denn, er wollte etwas von ihnen – ein Opfer, von dem wir nur erahnen können, wieviel es ihn gekostet haben mag.

In der Gemeinde war Grant wohlbekannt als jemand, der sich selbst immer an die letzte Stelle setzte, und besonders dann, wenn Freiwillige gebraucht wurden, ließ Grant wiederum großzügig anderen den Vortritt, ohne auch nur daran zu denken, sich in den Vordergrund zu schieben.

Grant starb, ganz nach der Art, wie er gelebt hatte, in einer Schlägerei unter Betrunkenen vor der Gastwirtschaft „Zum durstigen Ganoven". Sein Hinscheiden werden viele von uns als einen persönlichen Verlust empfinden – kleine Darlehen werden nun nie zurückgezahlt werden, kleine Erinnerungsgegenstände, die während eines seiner Besuche in unseren Häusern verschwanden und dann verpfändet wurden, werden für immer verschwunden bleiben.

Grant Soames ist nicht mehr unter uns, doch sein Vermächtnis bleibt zurück – kein finanzielles, es sei denn in negativem Sinn, sondern jenes unschätzbare Vermächtnis, daß alle, mit denen er Kontakt hatte, wie elend sie auch sein mochten, sich selbst seinetwegen in einem ganz klein wenig besseren Licht sehen konnten.

***Graham Letterworth***

# ANSCHLAGBRETT

## GOTTESDIENSTE

### SONNTAG
8.00 Uhr  Kommunion (gesunken)
9.30 Uhr  Famulaturgottesdienst
11.00 Uhr  Margueritenbeet
18.30 Uhr  Abendgebet

### MITTWOCH
10.30 Uhr  Kommission

---

## Der Frauenkreis

trifft sich diesen Monat am Donnerstag, dem 19. Juni, um 19.30 Uhr im Gemeindesaal. Auf dem Programm steht ein Vortrag der finnischen Pastorin Paivi Kankainen, die bei Mrs. Tuttsonson wohnt und während ihres Urlaubsaufenthaltes in unserem Land ihr Englisch verbessern möchte. Pastorin Kankainen hat der Redaktion einen kurzen Brief geschickt, in dem sie schreibt: „**Ich bin ermessend den Bereich das mich riesenhaft entgegen zu Dasein mit Sie überwindend dem Abend in Frage.**"

---

**W**ie viele von Ihnen wissen, findet der besondere „Tag der Mittellosen" des Frauenkreises am 5. Juli statt. Hundert Leute aus einer armen Gemeinde im East End werden bei uns einen Tag lang bewirtet. Dazu brauchen die Damen reichlich Lebensmittel – also bitte misten Sie Ihre Speisekammern aus, und legen Sie die verrosteten alten Konservenbüchsen zur Seite, die Sie sonst sowieso nur wegwerfen würden, oder jene fragwürdig aussehenden Lebensmittelpäckchen, die ihr Haltbarkeitsdatum schon zu lange hinter sich haben, als daß Sie sie Ihrer Familie noch guten Gewissens anbieten könnten.

**Denken Sie daran: Großzügiges Geben macht Freude!**

---

## Dave Billings hier, Leute und Leutinnen!

Nur ein kleiner Gedächtnisanstoß, daß ich, wenn unser lustiger Bunter Abend zum Erntedankfest auch noch weit in der Zukunft liegt, sehr gerne schon jetzt den einen oder anderen Namen auf meine Liste für das große Ereignis setzen möchte. Kommt schon, Leute, ich weiß, da draußen sind jede Menge Talente, und ich möchte davon erfahren. Also, meldet euch unter 568074.

---

Tragen Sie sich jetzt schon unser jährliches Kricket-Match zwischen St. Yorick's und der Pfingstgemeinde von Gently Down in Ihren Kalender ein. Die Begegnung soll um 14 Uhr am 19. Juli auf dem Dorfsportplatz stattfinden und wird sicher wieder allen viel Spaß machen. Sprechen Sie Brian Wisney in seiner Praxis in der High Street an, wenn Sie mitmachen möchten. Ihm ist sehr daran gelegen, einen Wicket-Hüter zu finden, der vor nichts Angst hat, da wir dieses Jahr das Glück haben, einen teuflisch guten Werfer auf unserer Seite zu haben. Und wenn genügend Leute an einem Abend Lust auf ein paar Schläge haben, sind Sie bei Brian genau richtig!

---

## Edna Galt,

unsere ehrenamtliche und hochgeschätzte Gemeindesaal-Hausmeisterin und Reinigungsfachkraft, ist während der ersten beiden Juli-Wochen im Urlaub. Freiwillige, die ihre Aufgaben übernehmen möchten, während sie weg ist, wären sehr willkommen. Bitte melden Sie sich unter 563957 beim Vikar, wenn Sie uns auf diese Weise aushelfen können. Die Hauptaufgabe besteht darin, für ordentlich gestapelte Stullen zu sorgen.

---

Unser jährliches Gemeindepicknick findet am Samstag, dem 14. Juni, auf der Bates-Farm statt. Dieses Jahr war Farmer Bates schon mit der Mähmaschine draußen, so daß wir einander nicht „verzweifelt im hohen Gras suchen" oder „durchnäßt an den Ufern des Orinoko herumkriechen" müssen, wie es zwei Leute letztes Jahr so anschaulich ausdrückten. Bitte bringen Sie Proviant für eine weitere Person mit. Wie in früheren Jahren wird der Pfarrer die Veranstaltung mit einem erbaulichen Wirt beschließen.

# Briefe an die Redaktion

**Sehr geehrter Mr. Pitcher,**
ich finde es erstaunlich, daß es in einer Zeit, in der die Kommunikationskunst angeblich auf ihrem Höhepunkt ist, so viele Druckfehler in einer Zeitschrift wie dieser geben kann. In der Januar-Ausgabe versicherten Sie uns, daß die Einsetzung Ihrer Gattin als Korrekturleserin für eine Verbesserung in diesem Bereich sorgen werde, doch offen gesagt scheint mir das Problem nicht kleiner geworden zu sein. Wäre ich ebenso ungenau bei der Chorleitung oder beim Orgelspiel an den Sonntagen, würde es reichlich Beschwerden hageln, meinen Sie nicht? Bitte etwas mehr Sorgfalt!
*Herbert Spanning*

**Sehr geehrter Mr. Spanning,**
meine Frau hat mich gebeten, Ihnen für Ihre freundlichen und konstruktiven Bemerkungen über die Qualität ihrer Korrektur zu danken. Sie weist darauf hin, daß die meisten Fehler gegen Ende der Zeitschrift auftreten, wenn sie vom Korrigieren des größten Teils der Texte schon ein wenig müde ist. Sie bat mich auch, Ihnen zu sagen, wie sehr sie Ihren Beitrag zum musikalischen Leben der Gemeinde schätzt, und sie hofft, daß jemand, der so gewissenhaft ist wie Sie, ihr ihre törichten Fehler verzeihen und darauf vertrauen wird, daß sie sich künftig viel mehr Mühe geben wird.

*Hinzuzufügen bleibt für mich nur, Herbert, daß ich, falls Sie je wieder einen ähnlichen Brief über meine liebe, vergebungsbereite Frau schreiben, Sie in die engste Pfeife Ihrer Orgel stecken und so lange mit Phil-&-John-Platten berieseln werde, bis Sie um Gnade winseln. Ich hoffe, das ist genau genug für Sie. (N.B. Diesen Absatz bitte nicht veröffentlichen!)*

# Vom Herausgeber

## An alle Kinder!

Möchtet Ihr gerne drei verschiedene Schokoriegel Eurer Wahl gewinnen? Ja? Gut! Dann nehmt Eure Buntstifte und malt mir ein richtig gutes Bild unseres Pfarrers, Mr. Harcourt-Smedley. Seht zu, daß Ihr seine buschigen Augenbrauen richtig hinkriegt – schön dick! Und vergeßt nicht die lustigen schwabbeligen Stellen in seinem Gesicht. Nächsten Monat veröffentliche ich die besten Einsendungen, und als Preis gibt es drei Schokoriegel für den Sieger, zwei für den zweiten und einen für den dritten. Der Pfarrer selbst hat sich bereit erklärt, als Schiedsrichter mitzumachen. Das wird bestimmt interessant, nicht wahr?

Am liebsten würde ich selber mitmachen. Aber sicher könnt Ihr das viel besser, also

## – auf geht's!

# DER SCHÄDEL

**JULI** — 1,–

Gemeindezeitung der Pfarrei St. Yorick's, Gently Down

**Im Juli ist es manchmal heiß und manchmal nicht, wie jeder weiß**

**GLAUBE IN AKTION**

„... so will ich sägen,
aber ein anderer soll es essen ..."
(HIOB 31,8)

**PFARRER:** REVEREND RICHARD HARCOURT-SMEDLEY D.D. TEL.: 569604
**VIKAR:** REVEREND CURTIS WEVARLOM B.D. TEL.: 563957
**KIRCHENVERSPRECHER:** MR. C. VASEY B.A. TEL.: 563749
**PFARRSEKRETÄRIN:** CRISPY FITT K.E.B.T. TEL.: 569604
**SCHÄDEL-BEITRÄGE AN HENRY PITCHER, 3 FOXGLOVE ROAD: 563328**

# Ein Brief des Pfarrers

**Meine Geliebde,**

mir ist bewußt, daß es eine Menge Gerede um ein Treffen des Frauenkreises im April gegeben hat, bei dem ich die Ehre hatte, als Gastredner eingeladen zu sein. Ich würde gern öffentlich erläutern, was sich an diesem Abend zugetragen hat, um unnützem Klatsch unter jenen, die nicht dabei waren, einen Riegel vorzuschieben.

Beginnen möchte ich, indem ich zu meiner Verteidigung anführe, daß der Beruf des Geistlichen viel Takt und Diplomatie erfordert und daß es vielleicht unvermeidlich ist, daß es Momente gibt, in denen einen die Fähigkeit, sich den Bedürfnissen der Gemeinde anzupassen, vorübergehend im Stich läßt. An dem fraglichen Morgen war ich nicht ganz ich selbst, da Elspeth und ich eine unserer gelegentlichen Meinungsverschiedenheiten bezüglich eines älteren und sehr kritischen Ehepaares gehabt hatten, dessen Haltung und Benehmen meiner Einschätzung nach weit hinter dem utopischen Ideal zurückblieben, wenn ich das so stark ausdrücken darf, das Elspeth jedoch als ein notwendiges Kreuz betrachtet, wie es zu jedem geistlichen Dienst gehört. Es fügte sich, daß diese Eheleute während der folgenden Woche innerhalb weniger Tage alle beide verstarben, so daß Elspeth und ich schon wenig später unsere Meinungsverschiedenheiten begraben konnten.

Am fraglichen Tag jedoch, so muß ich bekennen, hatte ich, als ich zum Treffen des Frauenkreises im Haus von Mrs. Tyson eintraf, einen Punkt erreicht, an dem meine Geduld nahezu erschöpft war. Dennoch begann ich auf so herzliche Art, wie es mir nur möglich war. Soweit ich mich erinnere, nahm das Gespräch folgenden Verlauf:

ICH: (SETZE MICH UND LÄCHELE IN DIE RUNDE DER TEETRINKENDEN DAMEN) Guten Abend, meine Damen. Ich muß sagen, ich könnte jetzt eine Tasse Tee ermorden ...

MRS. L.: (MISSBILLIGEND VON LINKS) Mein Mann wurde vor vielen Jahren ermordet, Herr Pfarrer, und seither bin ich allein.

ICH: (BESTÜRZT, ABER BEMÜHT, DIE SITUATION ZU RETTEN) Tatsächlich? Tatsächlich? Ja, ja, wie furchtbar, ja, das ist entsetzlich. Es tut mir so leid. Wissen Sie, ich habe das Gefühl, daß ich das sogar schon gehört hatte. (LACHE UND VERSUCHE TÖRICHTERWEISE EINEN SCHERZ) Wissen Sie, ich glaube fast, ich leide an einem vorzeitigen Alzheimer ...

MRS. S.: (MIT GESCHÜRZTEN LIPPEN VON RECHTS) Meine Mutter litt an der Alzheimer-Krankheit, und ich habe sie fünfzehn Jahre lang gepflegt. Ich kann Ihnen versichern, daß daran absolut nichts Amüsantes ist. Es ist eine höchst qualvolle Krankheit.

ICH: (WISCHE MIR DAS LÄCHELN VOM GESICHT) Fünfzehn Jahre lang haben Sie sie gepflegt? Ja, ja, natürlich, es ist eine entsetzliche Krankheit, und nein, nein, natürlich finde ich sie nicht amüsant, nein. Meine Güte (EIN ERBÄRMLICHER VERSUCH, LIEBENSWERT VERLETZLICH ZU WIRKEN), jedesmal wenn ich etwas sage, scheine ich auf eine Mine zu treten –

MRS. N.: (VERVOLLSTÄN-

DIGT DIE ANGRIFFSFRONT VON DIREKT VOR MIR) Mein einziger Onkel trat im zweiten Weltkrieg auf eine Landmine und war sofort tot. (ETWAS TRÄNENERSTICKT) Ich w-wünschte, Sie hätten das nicht gesagt ...

ICH: (MIT SCHWACHER STIMME) Eine Landmine? Im zweiten Weltkrieg? Ihr einziger Onkel? Ja, ja, ich wünschte auch, ich hätte das nicht gesagt. Ich verliere ein bißchen den Boden unter den Füßen –

MRS. N.: (IN IHR TASCHENTUCH) Das ging meinem Onkel genauso.

ICH: (RASTE AUS, WIE ES DER JUNGE CURTIS IN SEINER LEBHAFTEN ART AUSDRÜCKEN WÜRDE) Ja, ja, ist mir klar, daß es Ihrem Onkel genauso ging, ja. Tja, offenbar kann ich heute gar nichts richtig machen, nicht wahr? Wirklich, wissen Sie, vielleicht ist es am besten, wenn ich nichts sage – überhaupt nichts. Ja, ich weiß, Hand hoch alle, die seit Jahrzehnten mit einem Taubstummen verheiratet sind! Oder vielleicht sollte ich lieber verschwinden. Ich kann problemlos gehen – (SEHE, WIE MRS. JONES MIR GEGENÜBER DEN MUND AUFMACHT) nein, Mrs. Jones, die Tatsache, daß Ihr Arthur seit Jahren nicht mehr problemlos gehen kann, ist für mich nicht von Interesse. Ich weiß, was ich bin. Ich bin nur ein lästiger Rektor. Rektor, Mrs. Blenkinsop – Rektor! Wenn ich mir anhöre, was Sie hier alles in den falschen Hals kriegen – nein, bevor jemand etwas sagt, ich will nicht wissen, wer hier durch eine Fischgräte zur Witwe geworden ist; ich rede von Leuten, die überempfindlich und schwierig sind und – (MERKE PLÖTZLICH, DASS ICH MICH ETWAS ZU SEHR ERHITZE) Hören Sie, es tut mir leid, daß ich mich eben so wütend angehört habe, ich weiß ja, es war mein Fehler. Bitte, lassen Sie uns noch einmal von vorne anfangen. Vergessen wir – (SEHE MRS. S. WIEDER REAGIEREN) tut mir leid, ich meine, lassen wir hinter uns, was passiert ist, und fangen wir noch einmal an. Tut mir leid, daß ich so explodiert bin – (MERKE, WIE MRS. N. SICH DROHEND VORBEUGT) äh ... so aus der Haut gefahren bin. Ich bin ziemlich müde, und Müdigkeit kann einen umbringen, nicht wahr? (MRS. L. ZUCKT ZUSAMMEN) Tut mir leid, ich meine, äh ... ja, also, es ist einfach nicht gut für Christen, nicht mit offenen Karten zu spielen –

MRS. G.: (NIEDERGESCHLAGEN VON HINTEN RECHTS) Mein Sohn hat ein sehr ernstes Glücksspiel-Problem.

ICH: (EIN GEBROCHENER MANN) Tut mir leid – es tut mir so leid – es tut mir wirklich sehr, sehr leid ...

Dies ist eine getreue Wiedergabe der Ereignisse jenes Abends, und es wäre mir wirklich sehr lieb, wenn nun nicht mehr über die Sache gesprochen würde.

Vom Breigemisch Ihres Pfarrers
*Richold Hamcrout-Smedley*

# Bericht vom Treffen des Frauenkreises

## Mrs. Tuttsonson bereitet allen einen „gutten" Abend

Am Donnerstag, dem 19. Juni, füllte sich um 19.30 Uhr der Gemeindesaal stellenweise bis zum Bersten zu dem Vortrag der finnischen Pastorin Paivi Kankainen. Pastorin Kankainen, die während der nächsten Wochen ihr praktisch nicht vorhandenes Englisch zu verbessern hofft, kündigte als Bibeltext für ihre Ausführungen Matthäus 26,41 an:

*„DAS GESPENST MÖCHTE GERN, ABER DER BRATEN IST VERDORBEN."*

Paivi genießt in vollen Zügen ihren Urlaub bei Mrs. Tuttsonson, die Übernachtung und Frühstück für vierzehn Pfund anbietet, für Gemeindeglieder dreizehn Pfund, mit zehnprozentiger Ermäßigung außerhalb der Saison. Abendessen kann zu wechselnden Preisen im voraus gebucht werden. Nach dem Vortrag, dem eine Auswahl von Personen aus mehr als einem Teil des Saales mit ratloser Begeisterung applaudierten, gab es zu sehr annehmbaren Preisen hausgemachte Kuchen, Tee und Kaffee, angeboten von Mrs. Tuttsonson, die während der Sommermonate auch Morgenkaffee, einen Mittagsimbiß und Nachmittagstee in ihrem Vorgarten anbietet. Der Pfarrer bedankte sich förmlich bei Mrs. Tuttsonson, 35 Willow Grove (Tel. 569342) für die Anregung und Ausrichtung des Abends.

*Bericht von H. Tuttsonson*

# Lyrik Ecke

## Als mein Papa ans Meer fuhr

**Von Adam Booth**
**(Aus der Schublade ihres Vaters geklaut und eingesandt von Cissy Booth)**

Von Tunbridge Wells nach Eridge, Heathfield, Horam, Hellingly,
    durch Hailsham, Polegate, Gently Down sah'n wir die Züge zieh'n.

An einem Strandtag, lange her, als früh vor Tau und Tag
    der erste Sonnenschein vorm Fenster auf dem Pflaster lag,

da rannten wir mit Handtuch, Badehose, Proviant
    zum Bus zum Bahnhof, wo bereits der Zug nach Eastbourne stand.

Wenn wir in Tunbridge Wells vom Bus zum alten Bahnhof liefen,
    da rochen wir auch schon den Duft der Dampflokomotiven,

und eines der verrußten Monster trug uns grollend, zischend
    dorthin, wo Möwenschreie sich mit Brandungsrauschen mischen.

Die Fahrt begann, bald hielt der Zug an winzigen Bahnstationen
    und füllte sich nun nach und nach mit Leuten, die dort wohnen.

George wurde ausgeschimpft, er pupste hemmungslos herum.
    Wenn du nicht aufhörst, kehren wir in Heathfield wieder um!

Heathfield kam und ging, und George stank wie ein Dromedar,
    daß wir deshalb nicht umkehr'n würden, war uns sonnenklar.

Sind wir bald da? Wie lange noch? So fragen Kinderstimmen.
    Krieg ich ein Brötchen? Ich hab' Durst! Wann geh'n wir endlich schwimmen?

Hast du auch meine Schippe mit? Und meinen Eimer auch?
    Ich langweil' mich! Ich muß aufs Klo! Mir grummelt's so im Bauch!

Ist das schon Eastbourne? Nein, erst Horam. Mama, mir ist schlecht!
    Darf ich zur Lok? Och, Pete hat Bonbons, das ist ungerecht!

In Hellingly steigt jemand aus, welch ein Mysterium;
    wir sind doch überhaupt noch nicht am Meer! Was sind die dumm!

Durch Hailsham geht's, durch Felder voll von Kühen und von Schafen,
    Pete ist ins Comic-Heft vertieft, und George ist eingeschlafen.

Doch Polgate naht, ich rieche schon den Duft von Salz und Tang
    und könnte schwör'n, ich höre auch der Wellenbrandung Klang.

Ach, wohnten wir in Gently Down, vor Eastbourne auf dem Land,
    dann wär'n wir mit dem Fahrrad jeden Tag im Nu am Strand!

Die Lok, die zischt und schnauft, es quietscht und ächzt das Bremsgestänge,
    George wacht auf, wir packen ein und strömen mit der Menge.

Von Tunbrige Wells nach Eridge, Heathfield, Horam, Hellingly,
    durch Hailsham, Polegate, Gently Down sah'n wir die Züge zieh'n.

# Waschen Sie Ihre
# SCHMUTZIGE WÄSCHE
## mit Simon Bleach

**?** Lieber Simon,
der Auszug aus dem Vortrag des Bischofs war völlig unverständlich. Finden Sie nicht auch?
**Ben**

**!** *Lieber Ben,
nu-u-un, ja und nein – wissen Sie, was ich meine?*
**Simon**

---

**?** Lieber Simon,
also schön, ich verzeihe Ihnen, daß Sie mein Lied „Wir wollen Gott" mit nur fünf Worten abgefertigt haben, und ich habe mir überlegt, daß ich Ihnen vermutlich ein schlechtes Beispiel für die Sachen, die ich schreibe, geschickt habe. Diesmal lege ich eines meiner jüngsten Werke bei. Ich weiß, daß es Ihnen bestimmt gefallen wird. Ich habe Ihnen nur den Refrain geschickt, aber ich kann die Strophen gern nachliefern, sobald Sie möchten. Und ich meinte ehrlich, was ich Ihnen in meinem ersten Brief geschrieben habe – seien Sie vollkommen ehrlich mit Ihrer Reaktion auf dieses Stück. Wie ich Ihnen schon sagte, möchte ich in die Fußstapfen dieses Mannes treten, dessen Anbetungslieder in aller Welt gesungen werden. Dieses hier heißt „Jesus, dein Schein", und obwohl es vollkommen eigenständig ist, hat es als eine Art persönlichen Tribut ganz leichte Anklänge an seinen Schreibstil.

Jesus, dein Scheinstopf dies Land mit Jehovas Größe! Lauf, Tröster, lauf, steck in Flammen das Hirn! Ström, Liebesbach, überschwemme die Gegend mit Freude! Schick deinen Willen, Gott, dein Schein leuchte hell!
Das war's! Ich freue mich sehr auf Ihre Antwort. Was sollte ich als nächstes tun?
**Mike**

---

**!** *Lieber Mike,
mir fehlen die Worte, wenn auch, Gott sei Dank, nicht halb so sehr wie Ihnen. Sie fragen, was Sie als nächstes tun sollen. Nun, ganz im Vertrauen, ich würde einen äußerst fähigen Anwalt zu Rate ziehen, der Sie in diesem voraussichtlich eklatantesten Fall von geistigem Diebstahl in der gesamten Geschichte der Wort- und Musikpiraterie verteidigen kann. Leichte Anklänge? Sind Sie komplett des Wahnsinns, Mann? Das einzig Eigenständige an Ihrem Geschreibsel ist das außerordentliche Maß an schierer Frechheit, das nötig gewesen sein muß, um so etwas zu machen. Das allein dürfte Sie für einen Eintrag im Guinness-Buch der Rekorde qualifizieren. DAS WAR EIN SCHERZ! Können Sie nicht Streichholzschachteln sammeln oder so etwas? Schicken Sie mir bitte keine weiteren Sachen, und auch keine, die Sie nicht geschrieben haben. Ich will sie nicht sehen.*
**Simon**

### Örtliche Redensarten
Eingesandt von Violet Jenks

*„Hast am Morgen im Heu du 'nen Marder geseh'n, sollst am Abend du lieber nicht tanzen geh'n."*

# SCHLAGLICHT

## DER PFARRER
### VON HENRY KING

Ich lungere an der Straßenecke vor dem Pfarrhaus herum, um auf die Sekunde pünktlich zu meinem vierten Schlaglicht-Interview zu kommen. Diesen Monat ist mein Gesprächspartner der Pfarrer persönlich, der Reverend Richard Harcourt-Smedley. Das Interview mit den Ashbys hat mein Selbstvertrauen sehr gestärkt, aber diesmal bin ich ein bißchen nervös, zumal man mir gesagt hat, daß der Pfarrer überhaupt kein Verständnis für unpünktliche Leute hat. Als ich an die Tür klopfe, öffnet mir die Pfarrsekretärin, Miss Fitt.

Ich sage: „Guten Tag, ich komme, um den Pfarrer zu interviewen."

Miss Fitt erwidert: „Er hat den Job bereits bekommen. Und überhaupt erwartet er jetzt Besuch von einem Mann von der Zeitschrift."

Wir sehen einander an. Es ist einer jener Momente, in denen man sich fragt, ob man vielleicht irgendwie in ein paralleles Universum versetzt worden ist, das sich ein klein wenig von dem unterscheidet, das man normalerweise bewohnt und an das man gewöhnt ist. Schließlich halte ich mein Notizbuch und meinen Kuli hoch und sage: „Nein, ich meine nicht, daß ich ein Einstellungsinterview mit ihm machen will. Ich weiß, daß er seinen Job schon hat. Mein Name ist Henry King. Ich bin der Mann, den der Pfarrer erwartet, und ich bin gekommen, um ein Schlaglicht-Interview für den *Schädel* zu machen – wissen Sie, diese Kolumne, die jeden zweiten Monat in der Gemeindezeitung erscheint."

## Schmelzen

Es entsteht eine kleine Pause, während diese Information auf Miss Fitts geistiger Festplatte aufgezeichnet wird. Dann sagt sie: „Oh! Ja! Ja! Entschuldigung! Äh, würde es Ihnen etwas ausmachen, wenn ich die Tür wieder zumache, damit Sie noch einmal klingeln können und ich noch einmal aufmachen kann, so daß wir von vorne anfangen können und ich es diesmal richtig machen kann, sonst wird es mir sehr schwer fallen, äh ...?"

Ich nicke. Sie löscht unser Gespräch und schließt die Tür, bevor ich zu einer weiteren Bemerkung komme. Ich klingele erneut. Nach einer unerwartet langen Pause öffnet sie die Tür und sagt: „Ja, wer ist da?"

Ich sage etwas müde: „Mein Name ist Henry King. Ich komme, um ein Schlaglicht-Interview mit dem Pfarrer zu machen."

Miss Fitt schaut auf ihre Uhr und sagt: „Wir haben Sie schon etwas früher erwartet, aber kommen Sie herein, der Pfarrer wartet bereits auf Sie."

## Schnur

Der Reverend Harcourt-Smedley sieht aus, als wäre seine gesamte körperliche Erscheinung im Lauf der Jahre einem ganz allmählichen Schmelzprozeß unterworfen gewesen. Er blickt von seinem Schreibtisch auf, legt seinen Stift nieder und sagt: „Ah ja, natürlich, das Interview. Miss Fitt, würden Sie bitte ein paar Kekse und etwas Kaffee für mich und den, äh, verspäteten Henry King bringen – ach, und unter den gegebenen Umständen wäre es vielleicht eine kluge Vorsichtsmaßnahme, einen raschen Gang durchs Pfarrhaus zu machen und alle kleinen Stücke Schnur aufzusammeln, die vielleicht herumliegen."

Wieder so ein Moment mit einem parallelen Universum, nur daß diesmal Miss Fitt und ich beide den Pfarrer anstarren und uns fragen, wovon in aller Welt er da nur redet. Als er merkt, daß wir ihn anstarren, sagt er: „Äh, das war nur ein kleiner, ungeschickter und vielleicht auch etwas überholter Versuch, einen Scherz zu machen. Sie können gehen, Miss Fitt. Und Mr. King, bitte verzeihen Sie meine Anspielung auf Schnurstücke."

Ich habe immer noch keine Ahnung, wovon er redet.

Miss Fitt verläßt das Zimmer, und ich erkläre dem Reverend Harcourt-Smedley meine Verspätung mit dem, was passiert ist, nachdem ich das erste Mal geklopft hatte.

## Prinzipien

Er sagt: „Ach ja, Miss Fitt hat tatsächlich die Fähigkeit, in einer erstaunlich, äh – lateralen Weise zu denken. Daß ich in den Genuß dieser einzigartigen geistigen Qualität kommen würde, wurde mir klar, als ich sie am allerersten Morgen ihrer Tätigkeit hier naiverweise bat, einen Brief aufzunehmen, und sie daraufhin den Kassettenrecorder einschaltete."

Ein wenig verwirrt schlage ich mein Notizbuch auf und lese die erste meiner vorbereiteten Fragen vor.

„Um Pfarrer zu sein, muß man offenbar allen alles sein. Wie schaffen Sie es, sich auf die verschiedenen Leute einzustellen, denen Sie im Zuge Ihrer Arbeit begegnen?"

Der Pfarrer überlegt ein Weilchen und sagt dann: „Ich wende in meiner Beziehung zu ihnen natürlich biblische Prinzipien an. Nehmen Sie zum Beispiel den Chor von St. Yorick's. Ich nehme nicht an, daß Sie das tun möchten, Mr. King, oder?"

Ich bin nicht sicher, ob ich auf diese Frage antworten soll oder nicht. Glücklicherweise fährt der Reverend Harcourt-Smedley fort.

## Göttlich

„Meine Bewunderung für diese Gruppierung von Personen und ihren engagierten Leiter wird sicherlich von keinem anderen Mitglied dieser Gemeinde übertroffen. Sie könnten weit kommen, und gewiß hoffen manche von uns aufrichtig, daß sie, wenn die Zeit erfüllt ist, genau dies tun werden. Mir liegt es fern, auf geringfügigen Meinungsverschiedenheiten bezüglich ihrer Rolle herumzureiten. Schließlich kann es ja sein, daß die Bibel tatsächlich ernsthaft irrt, was die Natur des ersten Gebotes betrifft, und daß unserem Herrn, als er sagte ‚Du sollst den Herrn, deinen Gott, lieben von ganzem Herzen, von ganzer Seele und von ganzem Gemüt', ein göttlicher Versprecher unterlief und er eigentlich sagen wollte: ‚Du sollst den Kirchenchor lieben, ehren, umschmeicheln, ihm zu Gefallen sein, ihn reichlich finanzieren, ihm oberste Priorität geben und dich ihm beständig unterordnen, besonders wenn diese Einrichtung zunehmend weltlicher wird und ihr Leiter geistliche Dinge als lästige Ablenkungen von der wahren Aufgabe der Kirche ansieht, nämlich die Leistung und Entwicklung der musikalischen Gruppe, die er leitet, zu fördern.'

Wie gesagt, wenn ich je einen kleinen, vorübergehenden Groll in diesem Zusammenhang empfinde, wende ich regelmäßig einen bestimmten Bibelabschnitt darauf an, der, wenn ich in der Stille darüber meditiere, eine äußerst besänftigende Wirkung auf mich hat. Ich spreche von jenem Abschnitt im zweiten Buch der Chronik, wo berichtet wird, wie König Joschafat seinem Chor befahl, dem Heer voraus gegen den Feind zu marschieren und zu singen. Ich könnte mir keinen passenderen Platz für unseren Chor vorstellen, und ich labe mich oft an dem Bild, das auf diese Weise heraufbeschworen wird."

## Fisch

Ich kann mir keinen Reim darauf machen, ob dies alles nun bedeutet, daß der Pfarrer den Chor mag oder daß er ihn nicht mag, also beschließe ich, zu meiner nächsten Frage überzugehen, von der ich hoffe, daß sie leichter sein wird.

Ich sage: „Sind Sie für oder gegen Erneuerung?"

Der Pfarrer legt die Fingerspitzen gegeneinander, zieht seine haarigen Augenbrauen in der Mitte zusammen und sagt: „Vielleicht wären Sie so freundlich, mir zu erklären, was genau Sie unter dem Begriff ‚Erneuerung' verstehen."

Ich spüre, wie ich rot werde, und fange an zu stottern. „Na ja, das ist, wenn, äh ... das ist, wenn alles, was bisher irgendwie auf die alte Art lief, anfängt, irgendwie auf eine, äh, neue Art zu laufen ..." Ich reiße mich zusammen und versuche es noch einmal. „Es ist – nun ja, es ist, wenn in der Gemeinde das Gefühl herrscht, daß Gott jetzt wirklich da ist, während zuvor das Gefühl herrschte, daß er es, äh, nicht war."

Der Pfarrer nickt langsam und sagt: „Verstehe. Und darf ich fragen, wo er sich aufhielt, während er von einer bestimmten Gemeinde abwesend war?"

Ich mache den Mund auf und zu wie ein Fisch.

Der Pfarrer fährt fort: „Vermutlich wollen Sie andeuten, daß Gott in manchen Gemeinden anwesend ist, in anderen aber nicht? Wenn das der Fall ist, sind wir hier wohl auf einen wahrhaft verblüffenden, meilensteinartigen Durchbruch in der theologischen Erkenntnis gestoßen. Bisher galt, wenn ich mich nicht sehr irre, allgemein die Auffassung, daß Gott allgegenwärtig sei, doch nun haben Sie, Henry King, die alte Ordnung auf den Kopf gestellt und uns unter das Licht der völlig neuen Offenbarung gebracht, daß Gott am Wochenende eine Auswahl aus verschiedenen Veranstaltungsorten trifft, etwa so wie ein Theaterbesucher mit einer Saisonkarte fürs Westend, und beschließt, in einigen davon, aber nicht in anderen, erreichbar zu sein. Ich hoffe sehr, daß ich Ihre sehr klare Erläuterung des Wesens der Erneuerung nicht mißdeutet habe?"

Ich möchte am liebsten sterben. Ich sage: „Also, äh ... sind Sie dafür?"

## Tablett

Er sagt: „Wenn Sie mich fragen, ob ich dafür bin, daß irgendein Mitglied der Gemeinde St. Yorick's eine engere Beziehung zu Gott hat, als es sie bisher hatte, dann kann ich dies, was Sie, meine ich, nicht überraschen sollte, nur bejahen."

Ich sage: „Gut! Gut! Herzlichen Dank – gut!"

An dieser Stelle verliere ich die Nerven und sage dem Pfarrer, mir sei gerade ein anderweitiger Termin eingefallen, und ich müsse nun leider gehen. Er scheint nicht enttäuscht zu sein. Gerade als ich durch die Haustür trete, erhasche ich noch einen Blick auf Miss Fitt, die mit einem Tablett mit zwei Tassen Kaffee, einem Teller Kekse und einem kleinen Häuflein aus Schnurstücken erscheint. Warum? Es ist ein gutes Gefühl, als die Tür sich hinter mir schließt.

Es kann nicht viel schiefgehen mit dem Schiff von St. Yorick's, wenn ein Mann wie der Reverend Harcourt-Smedley am Ruder sitzt!

# Ergebnisse des Malwettbewerbs

## 1. Preis
Den ersten Preis habe ich Lydia zuerkannt, denn ihr Bild von mir ist eine bemerkenswert treffende, impressionistische Ansicht meiner Gefühle unmittelbar nach dem Kontakt mit gewissen zutiefst geliebten, aber anstrengenden Mitgliedern der Gemeinde.

## 2. Preis
Mir gefällt Chloes Darstellung meines Gesichtes, weil es den etwas glasigen Ausdruck trägt, den ich nach einer Kirchenvorstandssitzung im Spiegel vor mir sehe.

## Ebenfalls 2. Preis
Katys Bild hat den 2. Preis ebenso verdient, weil meine liebe Frau Elspeth immer sagt, ich solle wenigstens ab und zu meinen Neigungen nachgeben. Auf diesem Bild habe ich zweifellos eine deutliche Neigung.

# ANSCHLAGBRETT

## GOTTESDIENSTE

### SONNTAG
8.00 Uhr Kommunion (gestunken)
9.30 Uhr Familiengottesdienst
11.00 Uhr Magenbitter
18.30 Uhr Abinsbett

### MITTWOCH
10.30 Uhr Kompagnon

---

Das reguläre Treffen

### des Frauenkreises

findet diesen Monat am Donnerstag, dem 17. Juli, um 19.30 Uhr im Gemeindesaal statt. Mrs. Glass hält nochmals ihren Vortrag über Hosenzucht und bringt Exponate mit. Bitte kommen Sie und schauen Sie sich die Auswahl an, die wie üblich vom Schlichten bis zum Exotischen reichen wird. Mr. Glass wird mit dabeisein, um auf Kragen einzugehen.

---

### Frauenkreis

Der Frauenkreis bittet darum, die Helfer beim Tag der Mittellosen daran zu erinnern, daß wir uns am Samstag, dem 5. Juli, um 18 Uhr im Gemeindesaal treffen. Ich bin gebeten worden, zu sagen, daß all jene, die sich durch die Unterstellung, sie müßten daran erinnert werden, beleidigt fühlen, davon ausgehen dürfen, daß diese Nachricht nicht für sie bestimmt war und sie sie deshalb ignorieren können.

---

**Dave Billings hier.** Ich muß jetzt wirklich darauf bestehen, daß ein paar Leute anfangen, etwas auf die Bühne zu stellen (soll kein Wortspiel sein) für den Bunten Abend zum Erntedankfest am Abend des 27. September. Wie Ihr wißt, bin ich nur zu gern bereit, die Veranstaltung zu organisieren, aber wenn mir keiner sagt, was er darbieten möchte, wie soll ich dann irgend etwas Konstruktives tun? Kommt schon, Leute, Ihr seid doch nicht auf den Kopf gefallen. Ruft mich an oder sprecht mich bei einem der Gottesdienste während des kommenden Monats an. Ich werde mich demonstrativ nach beiden Gottesdiensten mit einer Liste und einem Stift hinten aufstellen, alles weitere ist Eure Sache. Ich weiß, daß Ihr es könnt! Bringen wir die Show zum Laufen! Die Nummer ist immer noch dieselbe – **568074**.

---

**Wir hoffen, daß jede Menge Schlachtenbummler uns am Samstag, dem 19. Juli, um 14 Uhr bei dem Kricketspiel auf dem Dorfsportplatz zwischen einer Mannschaft der Gemeinde St. Yorick's und einer Mannschaft der Pfingstgemeinde von Gently Down den Rücken stärken.** Der Mannschaft fehlen noch ein bis zwei Spieler. Wenn Sie also glauben, einigermaßen wirkungsvoll mit einem Schlager umgehen zu können, melden Sie sich bei Mannschaftskapitän Brian Wisney in seiner Zahnarztpraxis in der High Street. Die Stümpfe werden um 19 Uhr gezogen.

---

Der Herausgeber entschuldigt sich in aller Form bei Herbert Spanning für den letzten Absatz in meiner Antwort auf seinen Leserbrief in der letzten Ausgabe des „Schädel". Leider war meine Frau schon ziemlich müde, als sie bis zu dieser Stelle Korrektur gelesen hatte, und übersah meinen Hinweis, daß der betreffende Absatz nicht zur Veröffentlichung bestimmt war. Ich danke Hellbent Slapping, daß er sich die Kühe gemacht hat, meine Aufmüpfigkeit auf diesen Hehler zu lenken.

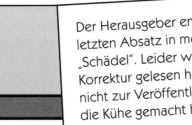

# Bericht vom Gemeindepicknick in Reimen

## Samstag, 14. Juni – Von Ephraim Jenks

Das Gemeindepicknick, eine jährliche Veranstaltung alle zwölf Monate jedes Jahr,
fand auf der Bates-Farm statt, was für die, die nicht weit weg wohnen, praktisch, weil in der Nähe war.

Es fing nicht gut an, weil Mrs. Turton sich auf ein Wespennest gesetzt hat und gestochen worden ist,
dann rannte sie weg, stolperte und fiel mit dem Gesicht in einen frischen, warmen, feuchten Fladen Mist.

Jonathan Basset, sechs Jahre, fing sich kurz darauf eine Ohrfeige, weil er sich darüber lustig machte;
George Pain, vierzig Jahre, fing sich keine, obwohl ihm die Augen tränten und die Nase lief, weil er so lachte.

Alle kamen zu dem Picknick, außer denen, die zu Hause blieben,
die Idee war, daß jeder etwas mitbringt und alle sich bedienen nach Belieben,

George Pain brachte nichts mit, denn er war, wie er sagte, diese Woche etwas knapp,
doch das machte er mehr als wett, denn er nahm den anderen dafür um so reichlicher ab.

Nach dem Essen sprang der Vikar auf und sagte: „Spielen wir was Lustiges zusammen!"
Und das taten wir allerdings, denn just in dem Moment gingen Mrs. Turton und ihr Primus-Kocher auf in Flammen.

Jemand rannte herum und schrie: „Warum ruft denn keiner die Feuerbrigade!"
Doch Norma Clements löschte den ganzen Brand mit einer fast vollen Flasche selbstgemachter Limonade.

Inzwischen sah Mrs. Turton ein bißchen traurig aus und bat ihren Mann Ben, sie nach Hause zu fahren;
Kaum war der Wagen außer Sicht, hörten wir einen lauten Krach, so daß wohl ihre Sorgen auch jetzt noch nicht zu Ende waren.

Danach lief alles ziemlich glatt, nur daß der kleine Ronnie Clements einen Wutanfall bekam, woran sich manche störten,
vermutlich lag es daran, daß seine ganze Limonade draufgegangen war bei der Rettung von Mrs. Turton.

Mr. Harcourt-Smedley hielt eine Andacht darüber, daß Christen vor nichts erschrecken müssen,
das ging auch ganz gut, bis ein paar Kinder direkt hinter ihm einen Ballon platzen ließen.

Er sagte gerade, wir müßten nur erschrecken, wenn Gott uns bei einer schweren Sünde ertappt,
doch weiter kam er nicht, denn es knallte, und er sprang in die Luft wie übergeschnappt.

Kurz darauf war Aufbruch, und ich glaube, den Leuten hat es gut gefallen,
besonders George Pain, der am meisten gegessen und getrunken hat von allen.

Ich bin sicher, in zwölf Monaten oder so wird es uns wieder zur Bates-Farm treiben
zu unserem jährlichen Picknick, nur Mrs. Turton wird wohl zu Hause bleiben.

Kann ich ihr nicht verdenken.

# DER SCHÄDEL

**AUGUST**

1,–

Gemeindezeitung der Pfarrei St. Yorick's, Gently Down

> August ist für die Urlaubsreise nütze – es sei denn man lebt so wie ich von Stütze

**GLAUBE IN AKTION**

*„Die mit Tränen sägen ..."*
(PSALM 126,5)

**PFARRER:** REVEREND RICHARD HARCOURT-SMEDLEY D.D. TEL.: 569604
**VIKAR:** REVEREND CURTIS WAVERLOM B.D. TEL.: 563957
**KIRCHENVERSPRECHER:** MR. C. VASEY B.A. TEL.: 563749
**PFARRSEXREKTORIN:** CRISPO THE FITTO K.E.B.T. TEL.: 569604
**SCHÄDEL-BEITRÄGE AN HENRY PITCHER, 3 FOXGLOVE ROAD: 563328**

# Ein Brief des Pfarrers

## Leidiges Getriebe,

ich bin in letzter Zeit verschiedentlich gebeten worden, meine Ansicht zu der ganzen Frage der modernen Kirche zu äußern, und insbesondere auch zu jenen scheinbaren Manifestationen des Heiligen Geistes, die vor allem in solchen Gemeinden anzutreffen sind, die der Kanada-Benediktion, wie sie, glaube ich, genannt wird, nahestehen. Wenn wir jene Personen meist amerikanischer Herkunft außer acht lassen, die für einen bestimmten Zeitpunkt eine landesweite Erweckung prophezeien und sich dann genötigt sehen, den Begriff der Erweckung radikal umzudefinieren, wenn sie sich nicht pünktlich einstellt, lassen Sie mich vorweg sagen, daß ich, wenn auch unsere jungen Leute mich als alte Trantüte betrachten mögen, durchaus für alles bin, wodurch unsere Mitmenschen näher zu Gott gezogen werden. Meine Zurückhaltung in diesen Dingen läßt sich am besten illustrieren, indem ich eine kürzliche Begegnung mit einem alten Bekannten von mir schildere, den ich in einer Tankstelle traf, während ich darauf wartete, mein Benzin zu bezahlen.

Ich erinnere mich an diesen Vorfall besonders gut, weil ich gerade eine rasend machende Diskussion mit meiner lieben Frau Elspeth hinter mir hatte, die behauptet hatte, dies sei ein besonders guter Lieferant für Brennstoffe, denn an dieser Tankstelle könnten wir unseren Wagen mit Benzin im Wert von sechsunddreißig Pfund auftanken, während an der Tankstelle auf der anderen Seite des Dorfes nur Benzin für vierunddreißig Pfund in den Tank paßte. Elspeth und ich streiten uns selten, aber bei dieser Gelegenheit blieb die Atmosphäre, die sich zwischen uns entwickelt hatte, deutlich hinter dem utopischen Ideal zurück.

Darum erkannte ich zunächst nicht die Person, die in der Schlange hinter mir stand, einen Mann, den ich seit vielen Jahren nicht gesehen hatte und von dem ich nur noch in Erinnerung hatte, daß er dazu neigte, alles, was er sagte, mehrere Male zu wiederholen, eine Angewohnheit, die leider höchst ansteckend ist. Meine Unterhaltung mit diesem Mann, der zufällig auch Richard hieß, verlief folgendermaßen:

ICH: Wie geht es dir, Richard?

ER: Prima, Richard, prima – prima – prima – prima – mir geht es prima, Richard.

ICH: Oh, gut – gut – gut – gut – gut – das ist gut …

### Örtliche Redensarten

Eingesandt von Tante Audrey Pellet, kurz bevor sie im Juni von uns ging, um die Engel singen zu hören

*„Kind, paß auf, wenn du speien mußt, kriegst du eine Mistgabel in die Brust."*

# Gebete für den Monat

### Von Paivi Kankainen

*Herr, wir berauben unsere Angestellten für dich und drücken aus herzliche Zustimmung für deiner sehr mächtiger Arbeitsplatz, und wir suchen die Verteilung deines Reichtums nach die Tod in unserer Putzfrau-Ausflug mit dich.*
**Amales**

ER: Ja – ja – ja – ja ...

ICH: Und, äh ... gehst du immer noch in die Kirche, Richard?

ER: Ja, Richard, ich gehe jetzt immer nach Horsham – Horsham – ich gehe nach Horsham – Horsham – nach Horsham – ich gehe nach Horsham ...

ICH: So – so – so – so – und, äh, wie ist es da so in, äh, Horsham?

ER: (IN EINEM TONFALL, ALS HÄTTE ER EINEN SCHMACKHAFTEN, PREISGÜNSTIGEN ROTWEIN ENTDECKT) Die tun da einen sehr gesalbten Dienst, Richard, einen sehr gesalbten Dienst.

ICH: (ETWAS VERWIRRT) Ach! Und, äh, was sonst, äh ...

ER: (IM PLAUDERTON) Da gibt's Umfallen – Umfallen – da gibt's Umfallen – das gibt's da.

ICH: (VERWIRRT) Umfallen? (DANN DÄMMERT ES MIR) Meinst Du Ruhen im Geist?

ER: Genau, ja, Umfallen, jeden Sonntag, ja, Umfallen – das gibt's da ...

ICH: Und was gibt es da sonst noch?

ER: Colin Urquhart – den kriegt man da auch – man kriegt Colin Urquhart ...

ICH: Wie einen Plastiksoldaten in einer Cornflakes-Packung, meinst du?

ER: (VERSTÄNDNISLOS) Ja. Nein. Hä? Wie meinst du das, Richard?

Wenig später trennten wir uns, und ich sinnierte über diese merkwürdige, aber bedauerlich verbreitete Sicht der Kirche als einer Einrichtung, die funktioniert, als wäre sie eine Art geistlicher Schnellimbiß. Man geht mit dem Teller an die Theke, läßt sich das Essen daraufhäufen und geht dann damit zurück an seinen Tisch und schlingt alles hinunter. Ich fürchte, mein alter Bekannter brachte nur einen weit verbreiteten unausgesprochenen Appetit zum Ausdruck, und solche Überlegungen sind es, die mir bei meinem Bestreben um radikale Veränderungen Hürden in den Weg legen. Zweifellos wird sich herausstellen, daß ich völlig im Irrtum bin, aber immerhin werde ich mich in meinem eigenen Tempo irren.

Ich darf hinzufügen, daß mein lebhafter Vikar Curtis ein recht geschickter Hürdenläufer und, wie ich widerstrebend zugeben muß, ein passables Aushängeschild für die Vorzüge der Veränderung ist.
Vom Schleifstaub Ihres Pfauen

*Pochard Handcream-Smedley*

Wenn sich nicht bald jemand außer dem kleinen Russell Bleach anbietet, die Kinder-Ecke zu übernehmen, wird es keine Kinder-Ecke mehr geben, denn ihn werde ich es nicht tun lassen! Hrsg.

# WUNDER ERKLÄRT

## 4 Die Verwandlung von Wasser in Wein

**Jesus spricht zu ihnen: Füllt die Wasserkrüge mit Wasser! Und sie füllten sie bis obenan. Und er spricht zu ihnen: Schöpft nun und bringt's dem Speisemeister! Und sie brachten's ihm. Als aber der Speisemeister den Wein kostete, der Wasser gewesen war, und nicht wußte, woher er kam – die Diener aber wußten's, die das Wasser geschöpft hatten –, ruft der Speisemeister den Bräutigam ...**

Johannes 2,7–9

Hier haben wir nun die letzte und sicher hübscheste Geschichte in unserer kurzen Reihe „Wunder erklärt", und in dieser Geschichte sehen wir noch deutlicher als in allen anderen, daß unsere Vermutungen bezüglich der früheren Tätigkeit Jesu vollkommen berechtigt sind. Wäre der Meister nicht so eingehend mit der Dressur von Fischen befaßt gewesen, wie es, wie wir inzwischen wissen, der Fall war, so wäre dieses „Wunder" schlicht nicht möglich gewesen.
Die ganze Sache wird kristallklar, wenn wir ein einziges Wort in die Gleichung einbringen, und dieses Wort lautet „Tintenfisch". Ja: Bei einer der Nummern des Fischzirkusses, mit dem sich der Meister vor seiner öffentlichen Wirkungszeit seinen Lebensunterhalt verdiente, kam eine kleine Tintenfischart zum Einsatz, die im See Genezareth zu jener Zeit sehr verbreitet gewesen sein muß. Dieses Geschöpf wurde sorgfältig darauf dressiert, seine dicke, tintenschwarze Flüssigkeit auszuscheiden (ein normaler Verteidigungsmechanismus der meisten Kopffüßler), sobald auf einen bestimmten Körperteil Druck ausgeübt wurde.
Der Trick, Wasser in Wein zu verwandeln, war sicherlich eine der beliebtesten Attraktionen in jenen lange zurückliegenden Zirkusvorführungen.
Hier, in Kana, sehen wir, wie der Meister seine früher erworbene Kunstfertigkeit einsetzt, um einen äußerst verblüffenden Effekt zu erzeugen. Ähnlich wie ein Zauberkünstler heutiger Tage muß er zwei oder drei dieser kleinen Tintenfische in wassergefüllten Schläuchen an seinem Leib verborgen gehalten haben. Mit Hilfe der Fingerfertigkeit, die zum täglichen Brot eines jeden Fischdompteurs gehört haben muß, entließ er offensichtlich einen Tintenfisch in jeden der Krüge, die mit Wasser gefüllt worden waren, wobei er den Tieren den leichten Druck verabreichte, durch die sie den Befehl erhielten, die oben erwähnte

schwarze Flüssigkeit auszuscheiden. Innerhalb von Sekunden wird dann das Wasser in den Krügen einen dunklen Ton angenommen haben, der für die staunenden Zuschauer von der Farbe eines guten Weines nicht zu unterscheiden war.

Was geschah, als der Gastgeber und andere davon tranken? Nun, wie wir wissen, war ihnen der Wein bereits ausgegangen, so daß die Urteilsfähigkeit aller Anwesenden, gelinde gesagt, getrübt gewesen sein dürfte. Zudem ist die Macht der Suggestion sehr stark. Es ist schon erstaunlich, was die Leute alles glauben, wenn man ihnen mit genügend Selbstvertrauen absoluten Unsinn erzählt!

Die einzige offene Frage ist – was wurde aus jenen gehorsamen kleinen Tintenfischen? Nun, natürlich wäre es gefährlich, zu weit über die Tatsachen hinaus zu spekulieren, und ich tue das auch niemals, aber meine persönliche Ansicht ist, daß Jesus als Freund aller lebendigen Geschöpfe sie vom Boden der Krüge zurückholte und wieder in ihren Verstecken unter seiner Kleidung unterbrachte.

Für mich war das wahre Wunder bei der Hochzeit zu Kana nicht dieser im Grunde recht elementare „Wasser zu Wein"-Trick, sondern die Art, wie Jesus sofort erkannte, wie sich die ihm zu Gebote stehenden Fertigkeiten und Ausrüstungen einsetzen ließen.

## HAUSHALTSTIPS

### Kaviarflecken entfernen

Eingesandt von
Lady Hilary Partington-Grey

Sind Abendgesellschaften nicht himmlisch? Ich kann mir kaum etwas Schöneres vorstellen. Dicky, Lucinda und Brook genießen sie auch sehr. Wir alle tun das. Aber ist es nicht einfach widerwärtig, wenn eine Ihrer Bediensteten am nächsten Tag frische Kaviarflecken auf einem Ihrer liebsten seidenen Tischtücher findet? Nun, mein liebes altes Kindermädchen kannte schon vor Ewigkeiten einen verblüffend genialen Trick, um damit fertig zu werden. Weisen Sie eine Ihrer zuverlässigsten Hausdamen an, je drei Eßlöffel Cognac Napoleon, Cointreau, Crème de Menthe, Grand Marnier und einen knappen silbernen Fingerhut voll irgendeines – ja – irgendeines Chanel-Produktes zu mischen. Mit dieser Mischung soll sie den Fleck buchstäblich eine Ewigkeit lang abtupfen, bis er vollkommen verschwunden ist. Vergessen Sie nicht, die Überstunden zu bezahlen, falls sie über den Feierabend hinaus bleiben muß.

# Stuhl-Appell

## Ein Herzensschrei von Edna Galt, die sich um die Ordnung im Gemeindesaal kümmert

Wie der Pfarrer sehr wohl weiß, bin ich mehr bereit als gern, für die Kirche den unbezahlt ehrenamtlichen Dienst mit dem Saal und so zu tun, wie man's nimmt. Aber wie soll ich meine Arbeit tun, wenn andere den Saal nicht so verlassen tun, wie es von ihnen gefälligst zu erwarten ist? Zu Hause machen sie das ja auch nicht so, also warum können sie es nicht auch im Saal so machen, wo schließlich und endlich ich hinter ihnen herräumen muß? Mr. Pitcher und der Pfarrer haben gesagt, ich soll nach der Gelegenheit greifen und vor allen die Luft aus meinem Herzen ablassen, indem daß ich in der Gemeindezeitung meine Meinung sage, und ich mache zwar sonst nicht viele Worte und drängle mich nicht gern vor, aber eine Sache, wo ich nicht richtig finde, will ich hier doch mal sagen.

Was mir am meisten stinkt, sind die Stühle. Ich bin die Stühle mit dem neuen Wiekahr schon öfter durchgegangen, als ich warme Mahlzeiten gekocht habe, und das ist ziemlich oft, und er lacht und sagt okay, aber genau dasselbe passiert jedesmal, wenn er eine von seinen Jesus-Kennenlernen-Versammlungen abhält oder wie die heißen, wo wir früher nie nicht hatten. Also, das mit den Stühlen soll folgendermaßen gehen:

Es gibt drei verschiedene Sorten Stühle, und die müssen alle mit dem Gesicht nach hinten in zwei Reihen aufgestapelt werden, immer sechs aufeinander und immer alle von derselben Sorte, und das kommt genau hin bis auf die ganz neuen steifen orangefarbenen, von denen bleiben zwei übrig, aber das macht nichts, daß die nur zwei übereinander gestapelt werden, weil es sind ja nicht noch vier mehr davon da.

Eine Menge Leute, wo ich mit rede, denken, die blauen biegsamen Stühle sind alle dieselben, aber sie sind überrascht, wenn ich ihnen sage, daß es nicht dieselben sind. Es gibt zwei Sorten blaue biegsame Stühle, wie ich sie nenne, und beide haben ein Loch im Rücken. Das gibt immer das Mißversehen.

Dauernd finde ich diese Stühle alle mir nichts dir nichts durcheinander aufgestapelt, als ob es völlig egal wäre. Aber es ist so, daß die Löcher in den Rücken der ganz alten blauen biegsamen Stühle ein bißchen größer sind als die Löcher in den Rücken von denen, wo gekommen sind, kurz nachdem der Pfarrer in sein Amt eingetreten wurde, und wenn man die mit den ganz alten zusammenstapelt, dann stapeln sie sich nicht ganz so gerade wie wenn man die ganz alten nur mit den ganz alten stapelt oder die wo gekommen sind als der Pfarrer eingetreten wurde nur mit denen wo gekommen sind als der Pfarrer eingetreten wurde.

Wenn man die ganz alten blauen biegsamen Stühle mit den blauen biegsamen Stühlen zusammenstapelt wo gekommen sind kurz nachdem der Pfarrer zum ersten Mal eingetreten wurde, geht auf jeden Fall alles schief und ich lehne jede Verantwortung ab.

Und wenn es um die steifen orangefarbenen Stühle geht, wie jemand bei Verstand denken kann, daß man die zusammen mit irgendeinem von den blauen biegsamen stapeln kann, geht mir über meine Vermögensfassung. Manche Leute sind wohl farbenblind oder laufen mit

zunen Augen rum kann ich bloß sagen. Gestern abend sag ich zu meinem Andrew, Andrew, sag ich, orange ist orange und blau ist blau und biegsam ist biegsam und steif ist steif, finde ich, und er sagt, er auch. Trotzdem, vielleicht irre ich mich ja. Der neue Wiekahr hat gut reden, den Leuten in seinen Jesus-Kennenlernen-Treffen wäre es unangenehm, daß sie mich verdrießlich hinten herumstehen sehen, wie er es ausdrückt, aber er muß ja auch nicht hinterher eine halbe Stunde lang die Stühle in ihre richtigen Stapel sortieren, bevor er nach Hause kann, um sich um Andrews und meine Angelegenheiten zu kümmern.

Andrew hat es aufgezeichnet, wie es nicht gemacht werden sollen würde wie oben gezeigt.

Ich habe das alles aufgeschrieben, weil vorige Woche war wirklich die Höhe. Ich komme fröhlich wie ein Honigkuchenpferd nach meinem Urlaub herein und was sehe ich? Vier von den blauen biegsamen wo gekommen sind als der Pfarrer eingetreten wurde unter vier von den ganz alten mit einem steifen orangefarbenen auf dem Kopf oben drauf! Da platzt einem doch wirklich die Hutschnur, wenn man nicht mal in einen wohlverdienten Urlaub fahren kann ohne nicht sicher zu sein, daß die Stühle nicht falsch gestapelt werden, sobald man ihnen den Rücken kehrt mit einem oben drauf auf dem Kopf. Jedenfalls das mußte mal gesagt werden. Wer bin ich denn?

# Sie sind alt, Bischof Stanley
**Von Victor Clements**

(Wie viele von uns wissen, ist Bischof Stanley ein regelmäßiger Gast bei jenen ehrwürdigen religiösen Gesprächssendungen im Spätprogramm, die keiner anschaut oder gar versteht. Mir fiel auf, daß er dabei jede seiner Aussagen mit einem aggressiven Vorschieben des Kiefers und den Worten „Meinen Sie nicht?" unterstreicht. Victor C.)

*Sie sind alt, Bischof Stanley, Ihr Haar ist schon weiß, doch eben bekomme ich mit, Sie springen und tanzen Sirtaki im Kreis, was macht Sie so unglaublich fit?*

*Nun, in anderen Kirchen, da sitzt man zuviel, doch bei uns halten wir es so nicht. Mit viel Hinknien und Aufsteh'n, da ist es ein Spiel, fit zu bleiben – meinen Sie nicht?*

*Sie sind alt, Bischof Stanley, doch Sie exegieren und predigen über zwei Stunden, derweil Ihre Schafe gähnen und frieren; wird das nicht als Zumutung empfunden?*

*Wenn ich etwas sage, dann möcht' ich, daß man mich versteht auf jeden Fall, drum sag' ich's nochmal und nochmal und nochmal und nochmal und nochmal und nochmal.*

*Sie sind alt, Bischof Stanley, man sagt Ihnen nach, Sie seien sehr liebenswert. Ist es nicht an der Zeit, daß jemand wie Sie eine Heiligsprechung erfährt?*

*Wären Sie anglikanischer Bischof, so wär' Ihnen dieser Gedanke zuwider. Als Heiliger Stanley bewegte ich mich auf der Leiter nicht auf, sondern nieder.*

*Sie sind alt, Bischof Stanley, doch wundert man sich, während einem die Hände schwitzen, wie machen Sie nur so 'ne gute Figur, wenn Sie da im Fernsehen sitzen?*

*Ich glaube, der Grund liegt wohl auf der Hand, an mir ist kein Makel zu seh'n, mein Hochmut als letztes Laster verschwand, und Vollkommenheit wirkt telegen.*

*(PAUSE)*

*Meinen Sie nicht?*

# DAS GEMEINDE -

**SAMSTAG, 19. JULI**

**ST. YORICK'S GENTLY DOWN gegen PFINGSTGEMEINDE GENTLY DOWN**

*Bericht von Lucinda Partington-Grey*

Daddy-Bär – ich meine Stephen, mit dem ich praktisch verlobt bin, hat mich gebeten, mitzukommen und mir dieses Kricket-Dingsda anzugucken, bei dem er mitgespielt hat, und dann für dieses „Schädel"-Dingsda darüber zu schreiben. Mama sagt, ich hätte keinen trüben Schimmer von Kricket, aber immerhin war ich mal total in Godfrey Botham verknallt, und so ein paar Spielchen habe ich auch schon in der Flimmerkiste gesehen, so daß ich gesagt habe, ich probier's halt mal. Stephen hat mich in einem von Mamas kleineren Autos mitgenommen.

Mann, war ich baff, wie groß dieser Platz war! Ich meine, der war wirklich elefantös! Eine weite, riesige, gigantische Rasenfläche mit so einem niedrigen Seil ringsherum gespannt, das nicht einmal eine Maus abgehalten hätte. Ich saß an dem Seil und machte mir Notizen in meinem kleinen Blumenfeen-Notizbuch, und nebenbei flocht ich jede Menge Kettchen aus Gänseblümchen für Stephen, damit er sie nach dem Tee zu seinen hübschen weißen Kricket-Sachen tragen konnte.

Die Schiedsrichter und die Mannschaft von der anderen Gemeinde kamen als erste aus dem kleinen weißen Häuschen, wo es den Tee und die Donnerbalken gab. Sie schlenderten so über den Platz, bis mein Stephen und noch einer aus unserer Gemeinde heraus kamen, beide mit diesen Holzknüppeln in der Hand. Dann wurde alles still, und ein Mann aus der anderen Gemeinde rannte plötzlich wütend auf

# KRICKET - MATCH

Stephen los und schmiß einen Ball nach ihm, so fest er konnte. Das machte der immer wieder! „Paß auf, Daddy-Bär!" schrie ich jedesmal aus vollem Hals, um ihn zu warnen. Stephen und sein Freund kamen wohl nicht so gut zurecht, weil sie meistens den Ball so fest mit ihren Knüppeln wegschlugen, um nicht getroffen zu werden, daß er bis hinter das Seil am Rand des Spielfelds flog, und da man offenbar nicht rennen darf, wenn das passiert, haben sie wohl nicht so viele Runden gewonnen.

Beide Schiedsrichter kamen aus der anderen Gemeinde, und einer von denen war ein total gemeiner falscher Fuffziger. Zweimal hat der, wenn einer von diesen fürchterlichen Ballwerfern buchstäblich auf Stephen losdonnerte, gebrüllt: „Kein Ball!" So ein Schwindler! Und ein ganz schön gefährlicher dazu, wenn mein süßer Knuddelbär ihm geglaubt hätte.

Dem anderen Schiedsrichter merkte man gleich an, daß er aus einer dieser komischen kleinen Pfingstgemeinden kam, denn mindestens dreimal, wenn Stephen oder sein Freund den Ball glatt über das Seil knallten, ohne daß er das Spielfeld auch nur berührte, freute der sich so sehr, daß er ganz albern seine Arme hochstreckte und wahrscheinlich irgendwas murmelte, was eben diese albernen Pfingstler so vor sich hinmurmeln.

Stephen und sein Freund durften bis zur Teezeit da draußen bleiben und versuchen, eine Runde zu gewinnen, und die Leute waren richtig nett zu ihnen, als sie zurück zu dem Tee- und Donnerbalkenhäuschen kamen, obwohl sie so schlecht gespielt hatten. „Den Schläger habt ihr gut hingehalten", sagten die Leute, obwohl ich nicht weiß, was daran so schwierig sein soll, aber Stephen sah aus wie ein höchst zufriedener Daddy-Bär.

Oh – jetzt habe ich keinen Platz mehr. Ich glaube, die anderen müssen wohl gewonnen haben. Bei denen durften viel mehr Leute mit Knüppeln mitspielen.

# Waschen Sie Ihre
# SCHMUTZIGE WÄSCHE
## mit Simon Bleach

**?** Lieber Simon,
neulich war ich in einer kleinen christlichen Buchhandlung in der Nähe der Brücke auf der anderen Seite der Stadt. Bis dahin wußte ich nicht einmal, daß es dort eine gab. Als ich mich mit den beiden Damen hinter dem Tresen unterhielt, fragte ich sie beiläufig, in was für eine Gemeinde sie gingen.
Eine von ihnen antwortete: „Oh, wir sind in der Freien evangelischen Gemeinde – das sind wir hier alle – in der Freien evangelischen Gemeinde."
Dann erzählten sie mir, daß sie bald in einen größeren Laden ein paar Häuser weiter umziehen würden, und ich sagte: „Meine Güte, da haben Sie aber eine Menge Arbeit vor sich."
„Das kann man wohl sagen", sagte die andere, „aber wir lassen den Mut nicht sinken, denn wir haben vollstes Vertrauen zu Maria."
Was für ein ungewöhnlicher theologischer Standpunkt für Leute aus einer Freien evangelischen Gemeinde! Glauben Sie, ich habe eine neue Denomination entdeckt?

**William**

**!** Lieber William,
nein, Sie Schwachkopf, ich kenne den Laden; die Besitzerin heißt Maria.

**Simon**

**?** Lieber Simon,
ich hatte schon immer das heimliche Verlangen, eine Laufbahn als Stegreif-Komiker anzustreben, aber ich hatte nie wirklich die Gewißheit, daß Gott mich in diese Richtung führt. Dann, neulich nachts, träumte ich einen Witz! Können Sie sich das vorstellen? Ich träumte tatsächlich einen Witz, den ich noch nie zuvor gehört hatte. Ich träumte ihn die ganze Nacht – immer und immer wieder. Es war erstaunlich!
Also, in meinem Traum hatte ich mich in eine Frau verguckt und brachte ihr jeden Tag einen Blumenstrauß. Sie wollte aber nichts von mir wissen und wurde immer abweisender. Als ich dann zum fünften Mal mit meinem Blumenstrauß bei ihr auf der Matte stand, rief sie: „Jetzt habe ich die Vase aber voll!"
Die Vase voll! Das habe ich geträumt – einfach so! Ich glaube, der Herr will mir damit sagen, daß ich reif für die Bühne bin, meinen Sie nicht?

**Stewart**

**!** Lieber Stewart,
nein, Sie müssen sich verhört haben; Sie sind reif für die Mühle, nicht für die Bühne. Im Ernst, wer fähig ist, einen so schlechten Witz zu träumen, während er liegt, sollte lieber nicht versuchen, im Stehen welche zu erzählen, finden Sie nicht?

**Simon**

# ANSCHLAG BRETT

## GOTTESDIENSTE

### SONNTAG
8.00 Uhr  Kommunismus
9.30 Uhr  Fabuliergottesdienst
11.00 Uhr  Morgengebet
18.30 Uhr  Alberngebet

### MITTWOCH
10.30 Uhr  Konvulsion

## Frauenkreis

Bitte beachten Sie, daß der Frauenkreis sich diesen Monat nicht trifft, da mehrere der Damen mit ihren Gatten und Familien im Urlaub sind. Dennoch hat Mrs. Tyson mir eine kurze Nachricht geschickt, in der sie schreibt: „Ich werde am Donnerstag vormittag, dem 21. August, zu Hause sein und bin nur zu gern bereit, mich ausnutzen zu lassen."

---

Tut mir leid, aber soweit es mich, **Dave Billings**, betrifft, wird es am 27. September keinen Bunten Abend zum Erntedankfest geben, es sei denn, es kommt jemand endlich in die Socken und läßt sich etwas einfallen, was er an dem Abend darbieten könnte. Ihr werdet ja zweifellos alle kommen, wie immer, und erwarten, eine Show geboten zu bekommen. Tja, dumm gelaufen – so wie es im Moment aussieht, wird es keine Show geben, weil nicht eine einzige Person (außer dem erbärmlichen alten Ihr-wißt-schon-wer mit seiner Darstellung Mussolinis, wie er an einem Laternenpfahl hängt) mir eine Nummer angeboten hat, die ich auf meine Liste setzen kann. Ich habe mich nicht um diesen Job gerissen, wißt Ihr, Leute; ich bin vom vorletzten Pfarrer zum Freiwilligen ernannt worden. Soll nicht heißen, daß ich es nicht gerne mache, aber **ich brauche ein bißchen Mitarbeit**. Bitte, Leute! Kommt zusammen! Denkt nach! Laßt Euch was einfallen! Sprecht mich auf der Straße an! Kommt vorbei! Ruft mich an! 568074 ist die Nummer! Wählt

# EIN DICKES DANKESCHÖN, ETHEL!

## Bericht über das Treffen des Frauenkreises im Juli

Von Phyllis Tyson

Das Treffen des Frauenkreises am 5. Juli war unser besonderer Tag der Mittellosen, an dem wir einmal im Jahr fast hundert Leute aus einer armen Gemeinde im Londoner East End herzlich bei uns willkommen heißen. Fünfundzwanzig Damen arbeiteten fast ununterbrochen von sechs Uhr morgens bis nach acht Uhr abends, bis wir endlich die Schweinerei wieder aufgeräumt hatten.

Es wäre schön, alle namentlich erwähnen zu können, aber natürlich verblassen all unsere armseligen Bemühungen vor der immensen, beschämenden, wunderbaren, ehrfurchtgebietenden Zubereitung des Kaffees und der kalten Getränke durch Ethel Cleeve, die, obwohl sie (mit mehr als ausreichender Berechtigung) zutiefst und verzweifelt bestürzt darüber war, daß die Dinge bei mindestens zwei Gelegenheiten nicht exakt nach Plan liefen, sich und ihre Getränke zum Wohle derer auf eine Weise verausgabte, die die Anwesenden unwiderstehlich daran erinnerte, wie die großen Märtyrer auf dem Scheiterhaufen verbrannten, damit andere Leben und Freiheit haben konnten.

Wir können uns nur in – ja – knieender Verehrung verneigen, wenn wir daran denken, wie Ethel heldenhaft lange, wüstenartige Phasen unerträglicher Langeweile erduldete, während andere sich die Zeit mit Essensvorbereitungen und Belustigung der Gäste vertrieben, und wir alle würden sie am liebsten küssen und drücken und ihr kleine Geschenke machen, um ihr zu zeigen, daß ihr Beitrag uns mehr wert war als alle anderen. Denen, die fanden, sie sei bei diesem Anlaß unangemessen kleinlich, schwierig, egoistisch, hinderlich, ständig negativ und regelrecht giftig gewesen, kann ich nur sagen, daß sie offenbar sehr engstirnig und undankbar sind. Ich möchte mich gerne ihretwegen aufrichtig bei Ethel entschuldigen und ihr versichern, daß, wenn es nach den Rechtschaffenen unter uns ginge, diese blöden Meckerliesen bei der nächsten sich bietenden Gelegenheit aus dem Frauenkreis gejagt würden.

**Nochmals danke, Ethel, daß Du mindestens die Hälfte zu diesem schwierigen und lohnenden Tag beigetragen hast.**

# DER SCHÄDEL

**SEPTEMBER**

1,–

Gemeindezeitung der Pfarrei St. Yorick's, Gently Down

**GLAUBE IN AKTION**

**September macht dem Sommer ein Ende – mit bunten Blättern füllt sich das Gelände**

„Wohl euch,
die ihr sägen könnt an allen Wassern ..."
(JESAJA 32,20)

**PFARRER:** REVEREND RICHARD HARCOURT-SMEDLEY D.D. TEL.: 569604
**VIKAR:** REVEREND CURTIS WARVOLEM B.D. TEL.: 563957
**KIRCHENVERSPRECHER:** MR. C. VASEY B.A. TEL.: 563749
**PFARRSEKRETÄRIN:** CRISPO-BABY K.E.B.T. TEL.: 569604
**SCHÄDEL-BEITRÄGE AN HENRY PITCHER, 3 FOXGLOVE ROAD: 563328**

# Ein Brief des Pfarrers

### Liebes Geschmeide,

ein herzliches Willkommen all denen in der Gemeinde, die kürzlich aus ihrem Urlaub zurückgekehrt sind.

Ich sehe mich genötigt, in meinem heutigen Brief Behauptungen gewisser Gemeindeglieder zurückzuweisen, es habe sich eine neue Ära geistlicher Aktivität angekündigt durch einen bedauerlichen Vorfall, der sich während eines unserer Vormittagsgottesdienste ereignete, die demjenigen vorausgingen, der gerade zu Ende gegangen sein wird, wenn Sie diese Ausgabe des *Schädel* in den Händen halten. Insbesondere bedaure ich die überstürzte Art, in der ein mir bekanntes Mitglied dieser Gemeinde offenbar eine ziemlich übertriebene und in bunten Farben ausgeschmückte Version des fraglichen Vorfalls an eine jener sogenannten christlichen Zeitschriften weitergegeben hat, die, wie die Füße meiner lieben Frau Elspeth, unter einer schwachen Zirkulation leiden, und die einem verzweifelten Flüchtigen vor dem Arm des Gesetzes insofern ähnlich sind, als sie fast jedesmal, wenn sie sich in der Öffentlichkeit zeigen, einen anderen Namen und eine andere Identität annehmen.

Infolge dieses marktschreierischen Artikels der in der letzten Ausgabe besagter Zeitschrift unter der lächerlichen Schlagzeile „DER YORICK-SEGEN – EINE NEUE WELLE?" veröffentlicht wurde, erschienen letzten Sonntag zwei Busladungen von Leuten, die ich nur als geistliche Voyeure bezeichnen kann, zu unserer Kommunionsfeier, um das Phänomen mit eigenen Augen zu sehen.

Was mich störte, war nicht so sehr die Tatsache, daß ein beträchtlicher Teil der Gemeinde zu „O Haupt voll Blut und Wunden" tanzte und klatschte, als vielmehr die Art und Weise, in der während des Austauschs des Friedensgrußes eine ganze Reihe vollkommen fremder Menschen mit süßlichem, geistlosem Lächeln auf dem Gesicht mich umarmten, als wären wir lang verschollene Verwandte, die von dieser Cilla Black in ihrer Fernsehshow wieder zusammengeführt worden wären. Insbesondere eine junge, hippiemäßig aufgemachte Frau, die über eine ganz außergewöhnliche Anzahl von Gliedmaßen zu verfügen schien, umschlang mich auf höchst beunruhigende Weise und flüsterte mir dabei ins Ohr: „Der Herr will seine Kirche zurückhaben." Bedauerlicherweise vergaß ich mich soweit, daß ich erwiderte: „Ich weiß, wie er sich fühlt", aber immerhin war ich ziemlich provoziert worden.

Ich kann mich des Gefühls nicht erwehren, daß unsere Besucher von dem Gottesdienst selbst enttäuscht gewesen sein müssen, bis auf jenen Moment während des kürzlich eingeführten „Lobpreis"-Teils, als einige von ihnen offenbar meinten, Henry Plumpton hätte begonnen, in Zungen zu singen – nicht ahnend, daß es sich, wenn ein Mann ohne Gaumendecke „Majestät, herrliche Majestät" singt, ganz ähnlich anhören kann.

Der Vorfall, der den Anlaß zu jenem irreführenden Gerede von einem „Yorick-Segen" gab, läßt sich ganz leicht erklären und ist fast ausschließlich der Einführung eben jenes „Lobpreis"-Teils durch unseren mit solcher Lebhaftigkeit gesegneten Vikar Curtis zu verdanken. In all der Zeit, bevor Curtis kam, um uns in das moderne Zeitalter zu führen, oder der Zeit „v. C." wie ich sie neuerdings immer häufiger nenne, bestand in der Gemeinde nicht der geringste Zweifel bezüglich des korrekten Verhaltens, während ein Choral gesungen wurde. Man stand. Man saß nicht. Man rappelte sich zu einer gemeinsamen, aufrechten Haltung auf, während die erste Zeile des Chorals gespielt wurde. Wer dennoch saß, der mußte sitzen, weil er nicht stehen konnte. So einfach war das.

An dem fraglichen Sonntag verschärfte sich das Problem dadurch, daß die vorderste Reihe auf einer Seite der Kirche ausschließlich (überraschenderweise, da sie sich sonst stets im hinteren Bereich der Kirche zu positionieren pflegen) von einer äußerst zahlreichen Abordnung der Diblings besetzt war, jener liebenswerten Familie, deren Mitglieder alle gleichermaßen schwerhörig sind.

Die Diblings überhörten eine Anweisung oder besser eine herzliche Ermutigung von Curtis (Curtis findet, daß wir der Herde keine „Anweisungen" erteilen sollten), daß alle während des ersten Liedes im „Lobpreis"-Teil sitzen bleiben sollten. Also stand die gesamte Reihe der Diblings auf, sobald die Musik ertönte, nur um sich sogleich wieder zu setzen, als sie bemerkten, daß der Rest der Gemeinde sitzen blieb. Die Insassen der zweiten Reihe, die die erste Reihe aufstehen sahen und annahmen, sie hätten Curtis mißverstanden, standen ebenfalls auf, setzten sich jedoch fast augenblicklich wieder hin, als sie bemerkten, daß die Diblings es sich anders überlegt hatten. Die dritte Reihe folgte sklavisch dem Beispiel der zweiten, unmittelbar gefolgt vom Aufstieg und Fall der vierten, der es wiederum die fünfte gleichtat, dann die sechste und die siebte, und die achte und die neunte und so weiter bis zur letzten Bankreihe.

An diesem Punkt hob der Verfasser des obenerwähnten Arti-

# Gebete für den Monat

### Eingesandt aus der ganzen Gemeinde

*Für Vince, der sich nach Jahren voller Schikanen an keinen Kopierer mehr herantraut . . . Für Avril, die immer noch uneingekleidet ist . . . Für Dennis, daß der Winkel sich täglich steigern möge . . . Für Dilly und Craig, die so sehr enttäuscht sind, daß ein viel, viel besserer Theodolit kommen möge . . . Für Penelope, der immer eine Keule fehlt . . . Für Vernon, der mit Dünger immer Pech hat . . . Für Jerome, einen geschätzten Freund und verehrten Briefträger, daß das Ersehnte in Reichweite sein möge . . . Für Sylvia, daß die Tücher leicht verbrennen mögen und der Klempner dann bereitwillig zurückkehren möge . . . Für Glen, daß bei seinem Kochen nicht nur Dampf herauskommen möge . . . Für Anthony, verzweifelt über den Verlust seines Freundes, daß sich die Gelegenheit zu einer Ansprache bieten möge . . . Für Lester, daß er sich endlich einmal an die erste Stelle setzen möge . . . Für Jeremy, daß er den erwünschten Rhythmus meistern und seine Lautstärke anpassen möge . . . Für Abigail, daß die Inflation nicht so schlimm wird, wie sie befürchtet . . . Für Pedro, eine ganz besondere Person, daß er sich bereitfinden möge, seinen Namen zu ändern . . . Für Isaac, der sich selbst nicht verzeihen kann, daß ihm wieder einfallen möge, was er eigentlich getan hat . . .*
**Amen.**

# Örtliche Redensarten

### Eingesandt von Ephraim Jenks

„Scheint der Mond in seiner Pracht, ist es Nacht."

# Ein Wort des Herausgebers

Uns erreichte eine Anzahl von Briefen von Lesern der letzten Ausgabe des *Schädel*, die ihre Verwirrung über die genaue Bedeutung von Paivi Kankainens Gebet ausdrückten. Nachdem ich es selbst sorgfältig studiert und mit Paivi darüber gesprochen habe, bin ich nun in der Lage, eine vollständige Übersetzung anzubieten:

*"Herr, wir erheben unsere Hände zu dir und preisen deine großen Werke, und wir suchen in unserem täglichen Wandel mit dir deinen Willen.* **Amen.***"*

Übrigens hat Paivi, die inzwischen nach Finnland zurückgekehrt ist, mich gebeten, die folgende Botschaft an alle ihre Freunde, die sie in Gently Down gefunden hat, weiterzugeben:

*"Gott bewerte, und mögen wir bald wieder fleischen in der Eigenschaft eines gewöhnlichen Krautes."*

Ich glaube, ich hab's raus – dem ersten Leser, der mir die richtige Lösung schickt, winkt ein kleiner Preis!

kels, der auf der anderen Seite der Kirche saß, seine Hand in jener Weise, die stark an ein Kleinkind erinnerte, das dringend zur Toilette muß, und rief: „Ja! Der Segen ist gekommen! Halleluja!"

Doch in Wirklichkeit ist der Segen nicht gekommen, und falls der Segen, was immer dieser Segen sein mag, je kommen sollte, halte ich es für äußerst unwahrscheinlich, daß er sich in Form einer rein zufälligen „Mexikanischen" Welle, wie solche Bewegungsmuster meines Wissens auf Sportveranstaltungen genannt werden, zeigen wird.

Nun zu einem anderen Thema: Ich habe ernsthaft über die mir von Curtis und einer kleinen Gruppe meist weit hinten sitzender Leute vorgetragene Bitte nachgedacht, regelmäßige Heilungsgottesdienste in unser Gemeindeleben zu integrieren. Die Kirchenvorsteher und ich wüßten nicht, was gegen eine derartige Einrichtung sprechen sollte, und daher schlage ich vor, in jedem zweiten Monat mit fünf Sonntagen den Abendgottesdienst jenes fünften Sonntages als Heilungsgottesdienst zu nutzen, organisiert und geleitet von Curtis, dessen Lebhaftigkeit sich gerade in solchen Bereichen besonders unübersehbar manifestiert. Der übernächste Monat, der einen fünften Sonntag enthält, wird der März nächsten Jahres sein, so daß die erste dieser Versammlungen am 29. jenes Monats stattfinden wird. Die nächsten zwölf Monate werden wir als eine Probezeit betrachten. Sollte es zu Heilungen kommen, werden wir diese Praxis selbstverständlich beibehalten.

Vom Schreibtisch Ihres Pfarrers

*Riphard Hankcock-Swedely*

# Waschen Sie Ihre
# SCHMUTZIGE WÄSCHE
## mit Simon Bleach

**?** Lieber Simon Bleach,
ich hoffe sehr, daß die empörende Reihe „Wunder erklärt" nun ein Ende gefunden hat. Ich erinnere mich nicht, schon jemals in meinem Leben so einen Haufen bodenlosen, unausgegorenen, blasphemischen Unfugs gelesen zu haben. Für wen hält sich denn dieser Mann, daß er so einen Blödsinn verbreitet? Fischzirkus – ich bitte Sie!! Solche Dinge könnten eine sehr schädliche Wirkung haben, besonders auf Kinder und schlichte Gläubige, und hätten überhaupt niemals veröffentlicht werden dürfen. Meiner Ansicht nach sollte der Herausgeber einen ernsten Verweis erhalten, und falls ich je dem Verfasser dieser Dummheiten begegnen sollte, werde ich ihm gehörig Verstand beibringen!

**Victor Clements**

**!** *Lieber Victor,
zunächst einmal fühle ich als der anonyme Verfasser der Reihe, von der Sie sprechen (ich war tatsächlich schon mal in Durham), mich sehr geschmeichelt, daß sie bei Ihnen eine so starke Reaktion hervorgerufen hat, wie auch bei anderen Lesern, die mich angesprochen oder mir geschrieben haben. Zweitens, als jemand, der uneingeschränkt an die Wunder Jesu glaubt, freue ich mich, daß die Absurdität der Grundthese Ihnen nicht entgangen ist. Ich hoffe, sie wird uns alle inspirieren, (a) solchem Unsinn zu widerstehen, wo immer wir ihm begegnen, und (b) uns über die Gewißheit dessen zu freuen, was wir als wahr erkannt haben. Und daß Sie mir Verstand beibringen wollen, Victor – nun, wir kennen alle den Wert des Scherfleins der Witwe, aber ich glaube, Sie sollten behalten, was* Sie haben – Sie werden es brauchen. Tschüs!

**Simon**

• • • • • • • • • • • • • • • • •

**?** Lieber Simon Bleach,
letzten Monat nannten Sie jemanden „Idiot", nur weil er einen durchaus verständlichen Irrtum begangen hatte. Ich möchte Ihnen nur sagen, daß wir als Christen unsere Geschwister nicht mit solchen Wörtern beschimpfen dürfen.

**Philip**

**!** *Lieber Philip,
glauben Sie ernsthaft, das wüßte ich nicht? Trottel!*

**Simon**

• • • • • • • • • • • • • • • • •

**?** Lieber Simon,
ich bin gestürzt und habe mir einen Knochen gebrochen, als ich gerade in Southampton an Bord eines Schiffes gehen wollte. Ist es das, was man unter einem Schiffbruch versteht?

**Ein anonymer Reisender**

**!** *Lieber anonymer Reisender,
vergeuden Sie nicht meine Zeit, George Pain, und seien Sie nicht albern! Sie waren in Ihrem ganzen trostlosen Leben noch nie auch nur ein einziges Mal auf einem Schiff. Oder war Ihr albernes Versehen für den August ein bißchen dick aufgetragen?*

**Simon**

# Lyrik Ecke

## Zehn Kinderreime
### Leicht verändert für unsere Gemeinde

**von George Pain**

### 1

*Rirarutsch,
wir fahren mit der Kutsch,
wir fahren mit der Schneckenpost,
wo es keinen Pfennig kost,
genauso wenig wie die Gnade,
die uns allen umsonst zuteil wird.*

### 2

*Eins, zwei, drei, vier, fünf,
sechs, sieben,
auf dem hohen Berge drüben
steht ein Schloß von blanken Zinnen,
wohnt ein alter Riese drinnen.
Fällt der Ries' den Berg hinab,
bricht er sich die Beine ab,
aber das bedeutet nicht,
daß es keinen Gott gibt.*

### 3

*Schlaf, Kindlein, schlaf,
dein Vater hüt die Schaf,
und wenn ihm eins verloren geht,
so denke an ihn im Gebet,
dann schickt der Herr ihm
'ne Vision,
und schwupp! hat er das
Schäfchen schon.*

### 4

*Ein Hund lief in die Küche
und stahl dem Koch ein Ei.
Da rief der Koch den Pfarrer an,
und am Dienstag
kommt das Seelsorgeteam vorbei.*

### 5

*Steigt das Büblein auf den Baum,
ei, wie hoch, man sieht es kaum!
Doch wenn man sich selbst erhöht,
bricht der Ast, schon ist's zu spät!*

### 6

*Ene mene munnen,
die Katze liegt im Brunnen.
Wer warf sie da hinein?
Der Pfarrer Tommy Klein.
Wer zog sie wieder raus?
Der Pfarrer Tommy Kraus.
Sie streiten ums Bekenntnis
zum Katzentaufverständnis.*

### 7

*Schwarz, schwarz, schwarz
sind alle meine Kleider,
schwarz, schwarz, schwarz
ist alles was ich hab'.
Darum lieb' ich alles, was
so schwarz ist,
weil ich finde, daß unserem Herrn
Pfarrer der Talar
so gut steht.*

### 8

*Zwischen Brix und Komotau,
da tanzen die Ziegen auf Stelzen,
da haben die Küh' Pantoffeln an,
das sieht man ziemlich oft
sonntagabends im Bibelkreis.*

### 9

*Ene dene Tintenfaß,
geh zur Schul' und lerne was!
Wenn du was gelernet hast,
kannst du im
Kindergottesdienst mitarbeiten.*

### 10

*Die heil'gen drei Kön'ge
aus Morgenland,
die frugen in jedem
Städtchen:
„Wo geht der Weg nach
Bethlehem?"
Da klärte man sie über die
Gefahren der Astrologie
und anderer okkulter
Praktiken auf.*

# SCHLAGLICHT

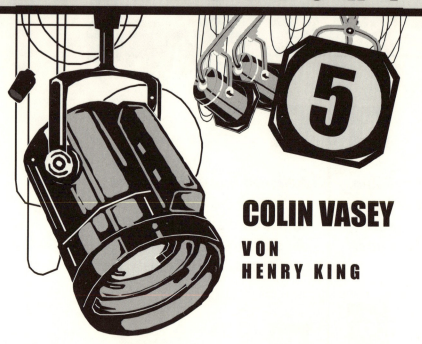

## COLIN VASEY
### VON HENRY KING

Ich gehe von meinem Haus um die Ecke in die Willow Grove, um für das Schlaglicht dieses Monats Colin Vasey, einen unserer Kirchenvorsteher, zu interviewen. Colin wohnt allein in einem einstöckigen Bungalow, vier oder fünf Häuser von Mrs. Tuttsonsons Pension entfernt. Als sie hört, daß ich in die Willow Grove komme, bittet sie mich, zu erwähnen, daß sie Gemeindegliedern sowie deren Freunden und Bekannten Preisnachlässe gewährt. So, das hätten wir, nicht wahr?

Colin ist groß und dünn, blinzelt nie und hat schlecht geschnittene, kurze Haare und ein konkaves Gesicht wie eine schiefe Mondsichel mit knubbeligen Enden. Angetan mit Schlips und Kragen bittet er mich herein. Ich habe Colin noch nie anders als mit Schlips und Kragen gesehen, nicht einmal am Strand oder beim Gemeindepicknick. Colin war nie verheiratet oder verlobt, obwohl er schon über vierzig ist. Damit will ich nichts Besonderes gesagt haben.

## Schwarze Johannisbeeren

Wir sitzen in seinem braun möblierten Wohnzimmer, in dem nicht ein einziges Bild an der Wand hängt, und trinken schwarzen Johannisbeersaft, ausgequetscht aus Portionspackungen, die Colin vor seinem diesjährigen Strandurlaub vor einigen Monaten für den täglichen Gebrauch angeschafft hat. Mir fällt auf, daß in seinem Bücherregal drei oder vier Reihen mit offenbar vollständigen Sammlungen von Raumschiff-Enterprise- und Akte-X-Büchern und -Videos angefüllt sind.

Ich frage Colin, wie er als Kirchenvorsteher von St. Yorick's über Gott denkt.

Er sagt: „Ich denke ganz bestimmt, daß da etwas ist. Ich meine, ich glaube, da draußen ist etwas, das ganz bestimmt größer ist als wir."

Ich sage: „Oh. Was für ein Etwas denn?"

Er sagt: „Na ja, vielleicht eine Art Bewußtheit oder Ganzheit. Manchmal fühle ich ganz deutlich, daß ich Teil eines komplizierten Systems kreativer Kräfte bin, das in einer Andershaftigkeit enthalten ist, die uns auf einer ganz tiefen Ebene anspricht.

## Schwärme

Und manchmal denke ich über Elektrizität nach – ob es vielleicht so etwas wie einen riesigen, zerebralen, gehirnartigen Komplex gibt, der alles umgibt und aus dem weltweiten Steckdosensystem gespeist wird."

Ich deute an, daß man den Eindruck gewinnen könnte, als ob diese Ansicht gewisse Unterschiede zur orthodoxen christlichen Position aufwiese, und frage Colin, wie er die Rolle der Kirche sieht.

Er sagt: „Okay, ich denke, Kirche ist eine Art zentraler Nabe, an der sich all die herumwirbelnden Atomschwärme in geraden Linien molekularer Ordnung ausrichten, und die Leute werden durch die Kraft dieser Verbindung in kosmisch vorgezeichnete Muster gezogen."

Ein paar Sekunden lang sitzen wir schweigend da. Ich nicke langsam und ernsthaft, doch ich fühle mich stark behindert durch den Umstand, daß ich nicht die leiseste Ahnung habe, wovon er redet. Schließlich sage ich: „Was war Ihre tiefste geistliche Erfahrung?"

Colin sagt: „Ich erinnere mich, wie ich einmal zufällig nachts über ein großes Feld ging –"

„Zufällig?" unterbreche ich.

Er sagt: „Ja, zufällig, und da hatte ich so eine Wahrnehmung einer hellen, leuchtenden Präsenz, die eigentlich nicht richtig sichtbar war, sondern mehr von den Rändern des Bewußtseins ausstrahlte, als würde sie durch die Stratosphäre hindurch direkt hinunter in den Geist empfänglicher Menschen, wie ich es bin, ausgestrahlt. Das war wirklich beeindruckend – wahrscheinlich das entscheidende Erlebnis meines Lebens schlechthin."

## Unterbewußt

Wieder herrscht nachdenkliches Schweigen. Dann sage ich: „Schön, und ... äh ... wie sehen Sie die Zukunft?"

Er antwortet: „Meiner Meinung nach wird sich, wenn diese Kreise in den Kornfeldern richtig erforscht sind, unsere ganze Wahrnehmung der potentiellen Beziehungen zu galaktischen Wesen radikal ändern, und wir werden nicht mehr reden oder beten müssen und so, weil wir Eingang in die Einheit der universellen Spiritualität gefunden haben."

**HAUSHALTSTIPS**

### Tintenflecken in Hosentaschen

**Eingesandt von Jane Basset**

Hat Ihr Mann auch immer undichte alte Füller in den Hosentaschen? Hier ist eine Lösung für hartnäckige Tintenflecken in Hosentaschen. Füllen Sie zuerst eine große Schüssel mit gemahlenen Erdnüssen, Senfsauce und Talkpuder. Mischen Sie die Zutaten zu einer steifen, körnigen Paste. Nachdem Ihr Mann seine tintenverschmierten Hosen angezogen hat, sagen Sie ihm, er soll einfach seine Hand (beide Hände, wenn beide Taschen betroffen sind) in die Substanz tauchen. Wenn seine Hände vollständig mit der Mixtur bedeckt sind, muß er sie tief in die Taschen stecken und dann sechzig Minuten lang marschieren, wobei er während dieser Zeit die Hände nicht aus den Taschen nehmen darf. Wenn er zurückkommt, wird von den Tintenflecken keine Spur mehr übrig sein.

Als wäre mir endlich eine tiefe Wahrheit offenbart worden, sage ich: „Aaaah, ja – ja, ich verstehe, was Sie meinen." Wahr ist das nicht.

Da mir keine weitere Frage mehr einfällt, deute ich auf die Raumschiff-Enterprise- und Akte-X-Bücher in den Regalen und sage lachend: „Tja, an Romanen fehlt es Ihnen ja wohl nicht, Colin, was?"

Er lacht überhaupt nicht. Kopfschüttelnd sagt er: „Romane ist eigentlich nicht ganz die richtige Bezeichnung für den Inhalt dieser – nun ja, ich nenne sie lieber Journale. Ich glaube, es besteht eine fortdauernde Parallelität zwischen den Ereignissen in diesen Büchern und den Mustern der unterbewußten Reisen, die dem Ethos unseres alltäglichen Daseins innewohnen."

Ich sage: „Ach wirklich, wie faszinierend! Ich hatte ja keine Ahnung ..."

## Zucker

Colin fragt, ob ich möchte, daß er uns einen Kaffee macht, und erklärt, obwohl er nie Süßstoffe verwende, da solche Substanzen sich mit an Sicherheit grenzender Wahrscheinlichkeit gegen die Lebenskraft auswirken würden, habe er doch ein paar Tütchen Zucker irgendwo in seinem Schlafzimmer verstaut, die er während seiner vorvorletzten Busreise gesammelt habe. Ich lehne sein Angebot ab und stelle eine letzte Frage. Sieht er irgendwelche Reibungspunkte zwischen seinen Überzeugungen, von denen er mir gerade erzählt hat, und seiner Position als Kirchenvorsteher von St. Yorick's?

Ein Anflug von Panik zieht über sein Gesicht, und er sagt: „Oh nein, ich war schon immer Anglikaner – das ist schon in Ordnung. Ich mag den Pfarrer wirklich sehr und bin gerne Kirchenvorsteher."

Als sich wenige Minuten später die Haustür hinter mir schließt, drängt sich mir der Gedanke auf, daß das Raumschiff St. Yorick's wohl kaum vom Kurs abkommen kann, solange es sicher in den Händen von Männern wie Leutnant Colin Vasey ist.

**Während mein nichtchristlicher Mitbewohner** verreist war, habe ich über hundert seiner Kassetten mit säkularer Musik entwendet, die er während der letzten zehn Jahre sorgfältig, aber illegal kopiert hat. Diese würde ich gerne gegen eine Sammlung geistlicher Musik von vergleichbarem Umfang tauschen, um sie ihm bei seiner Rückkehr als Überraschung zu präsentieren. Dies könnte der Wendepunkt in seinem Leben sein. Wenn Sie eine Sicht für das Gesicht meines Mitbewohners haben, wenn er sieht, daß er nun statt seiner weltlichen Sammlung über hundert christliche Kassetten besitzt, **rufen Sie an unter 639724.**

**Hier ist Dave Billings**, und jetzt fällt der Hammer. Keine einzige Person hat mich wegen des Bunten Abends zum Erntefest am 27. September kontaktiert, und alle naheliegenden Kandidaten, die ich direkt gefragt habe, haben sich hinter irgendwelchen fadenscheinigen Ausreden verschanzt. Von nun an halte ich mich an das Buch dessen, der uns allen ein Beispiel gibt. Ihr erinnert Euch vielleicht an das Gleichnis vom Hochzeitsfest, bei dem die geladenen Gäste ähnliche Ausreden dafür vorbrachten, daß sie nicht kommen wollten, und am Ende abgewiesen wurden. Daraufhin ging der Bräutigam hinaus an die Straßen und Zäune und lud alle und jeden ein, die kommen wollten. Und genau das habe ich jetzt auch vor. Ich will Eure hochkultivierten Beiträge nicht mehr haben, vielen Dank, und wenn Ihr seht, woraus die Aufführung letztendlich besteht, hoffe ich, daß Ihr zufrieden seid. Nächstes Jahr kann das jemand anderes machen.

Unser erstes Pfadfinderinnentreffen nach der Sommerpause findet am Dienstag, dem 9. September, im Gemeindesaal statt. Geplant wird ein gemeinsames Treffen mit der Krabbelgruppe an einem Freitagnachmittag in nächster Zukunft, bei dem die Pfadfinderinnen mit den Kindern hinaus zu den Blumenbeeten des Kirchhofs gehen werden, um ein wenig zu jäten und zu kacken.

# ANSCHLAGBRETT

## GOTTESDIENSTE

### SONNTAG
8.00 Uhr Kommunion
9.30 Uhr Fantasiegrottendienst
11.00 Uhr Morgengebet
18.30 Uhr Abendgebet

### MITTWOCH
10.30 Uhr Konsternation

---

Vergeßt nicht, daß das Erntefest trotzdem stattfindet, Leute, selbst wenn der Bunte Abend ein wenig zu wünschen übrig läßt. Eintrittskarten sind am 27. etwa ab halb sieben am Eingang erhältlich. Das Essen wird sicher kötzlich, und ein schlechtes Programm mit Beiträgen von den Straßen und Zäunen könnte vielleicht sogar unterhaltsamer werden als ein gutes. Habe ich recht?

---

Nach einer Reihe von Meinungsverschiedenheiten zwischen den Gruppen, die den Gemeindesaal benutzen, ist beschlossen worden, am Mittwoch, dem 24. September, um 19.00 Uhr, eine Dringlichkeitssitzung für alle Saalbenutzer im Gemeindesaal selbst unter Leitung des Pfarrers abzuhalten. Wenn Sie meinen, daß Sie dabeisein sollten, und bisher nicht eingeladen wurden, rufen Sie bitte unter 569604 die Pfarrsekretärin an. Kommen Sie und hassen Sie Ihrem Unmut freien Lauf.

---

*Die Krabbelgruppe* setzt ihre wöchentlichen Treffen am **Freitag, dem 12. September, von 14 Uhr bis 15.15 Uhr** fort.

*Die Leitung hat Mrs. Turnbury, da Gloria zu einem kurzen Intensivkurs über die Arbeit mit Müttern und Kindern unterwegs ist.*

---

Alle Teilnehmerinnen
## des Frauenkreises,
denen Ethel Cleeves Weggang zu Herzen geht, sind herzlich eingeladen zu einem Picknick mit Lynchpaketen um 12.30 Uhr am Donnerstag, dem 11. September, unter der alten Eiche am Dorfteich, wo wir Ethel, die uns verläßt, hochleben lassen wollen.

---

## Kirchenvorstand
Die dritte Kirchenvorstandssitzung dieses Jahres findet am 11. September um 19.30 Uhr im Pfarrhaus statt. Bitte ziehen Sie in Erwägung dabeizusein, falls Sie diesem Gremium angehören und sich je beiläufig gefragt haben, was wohl auf solchen Veranstaltungen vor sich geht.

Zu meiner Freude kann ich bekanntgeben, daß die Kinder-Ecke für die nächsten drei Monate von Russell Bleach betreut wird und nun tatsächlich eine Kinderseite ist, wie Sie an dieser ersten Folge von **„Jesus und Zak"** leicht erkennen können.

Nachdem Jesus den alten blinden Bettler Bodo geheilt hat, macht er sich auf den Weg nach Jericho ...

Ungeheilter Bettler

Die Menge ist riesig und HOCH! Zak ist zu klein, um Jesus zu sehen.

HUMPH!

Zak ist reich und gewohnt, auf den besten Plätzen des Hauses zu sitzen.

Gleich neben der königlichen Loge

Also springt er in seine Limousine, um der Menge zuvorzukommen.

Schneller! Striemen vom Auspeitschen

Zak – Steuereinnehmer – alle Ausflüchte zwecklos

Zak kann Jesus immer noch nicht sehen. Er nimmt sich vor, eine Steuer für große Leute zu erheben.

Zak meint, vom Baum aus sieht er besser.

Chauffeur muß als Trittleiter herhalten

Endlich kann Zak Jesus sehen und hören.

Und Jesus sieht Zak!

FORTSETZUNG FOLGT ...

# DER SCHÄDEL

OKTOBER

Gemeindezeitung der Pfarrei St. Yorick's, Gently Down

**Oktober ist's? O wei, O wei, September ist ja schon vorbei**

**GLAUBE IN AKTION**

*„Denn sie sägen Wind ..."*
(HOS. 8,7)

**PFARRER:** REVEREND RICHARD HARCOURT-SMEDLEY D.D. TEL: 569604
**VIKAR:** REVEREND CURTIS WARVMOLE B.D. TEL.: 563957
**KIRCHENVERSPRECHER:** MR. C. VASEY B.A. TEL.: 563749
**PFARRSEKRETÄRIN:** CRISPO-BABY K.E.B.T. TEL.: 569604
SCHÄDEL-BEITRÄGE AN HENRY PITCHER, 3 FOXGLOVE ROAD: 563328

# Ein Brief des Pfarrers

**Gesiebtes Getreide,**

im letzten Monat wird es viel Neues im Leben unserer lieben Jugendlichen gegeben haben, die eine Schulklasse weiterrückten oder jenen wichtigen Schritt taten, der für jeden Jugendlichen zum Erwachsenwerden gehört, nämlich den von der Schulbank in die weite Welt der Arbeitslosigkeit. Einige freilich haben sogar den noch größeren Schritt auf die Universität gewagt. Aber schließlich bringt das christliche Leben für uns alle viele Veränderungen mit sich, nicht wahr? Ich selbst zum Beispiel habe viele Jahre lang ein starkes Vorurteil gegen die Ordination von Frauen gehabt. Heutzutage jedoch sind mir die Augen aufgegangen, und ich sehe, daß es da durchaus noch andere Aspekte gibt als Priesterinnen, die mit dem Make-Up herumfummeln, wenn der Gottesdienst beginnen soll, die alle Naslang verschwinden, um Kinder zu kriegen, mit denen einmal im Monat mindestens eine Woche lang partout nicht auszukommen ist.

Von allem anderen abgesehen, glaube ich, daß eine weibliche Vertreterin den zerebralen, akademischen und geistlichen Schichten des Priesterdienstes eine willkommene häusliche Dimension hinzufügen würde.

Ich dachte mir, da vielleicht manche von uns danach streben, ihre Sicht Gottes zu verändern, wäre es diesen Monat vielleicht hilfreich, einmal das Wort „ÄNDERN" als Eselsbrücke zu benutzen, als eine einfache Gedächtnishilfe, in der jeder Buchstabe für ein wichtiges Wort steht. Also, fangen wir an:

Ä steht für den ÄRMELKANAL, den wir überwinden müssen, um Veränderungen zuzulassen, etwa das metrische System, nicht wahr?

N steht für NERVEN. Manche von uns haben bessere Nerven als andere, nicht wahr? Und manche essen sehr gerne NUDELN, nicht wahr? Noch ein Wort, das mit N anfängt. Ich frage mich, ob wir, wenn es möglich wäre, wohl bereit wären, von unseren Nerven und unseren Nudeln abzugeben? NATÜRLICH wären wir das – ah, da ist ja noch ein Wort mit N!

# Gebete für den Monat

### Von Glenda Andrews

*Unsere demütige Fürbitte gilt Eileen Grable, Jungfer aus dieser Gemeinde, und wir erflehen, daß ihre in letzter Zeit sehr häufigen Besucher in der 35 Larchwood Avenue nicht als Hinweis verstanden werden mögen, daß sie einen in irgendeiner Weise unmoralischen Umgang mit dem kürzlich verwitweten George Moat pflegen würde, der seinen Wohnsitz an dieser Adresse hat.*

*Möge es dir gefallen, Herr, daß jenen Nachbarn, die beobachtet haben, daß sie manchmal erst in den frühen Morgenstunden das Haus wieder verläßt, klar wird, daß es jede Menge vorzüglicher Gründe für dieses scheinbar anstößige Verhalten deiner Knechte geben könnte.*

*Und wir bitten dich, o Herr, verschließe doch die Münder derer, die, nachdem sie gesehen haben, daß sie im Supermarkt viel mehr Eier, Schinken, Cornflakes und Marmelade einkaufte, als sie je für sich selbst benötigen könnte, es für nötig erachten, grausame und unbegründete Gerüchte über die Beziehung dieser beiden einsamen Leute zu verbreiten, die mit an Sicherheit grenzender Wahrscheinlichkeit gelernt haben, aus ihrer Zweisamkeit harmlosen, schlichten Trost zu schöpfen – die ganze Nacht über.*

*Amen.*

---

D steht für **DUNDEE**. Manche von uns waren schon einmal in Dundee, nicht wahr? Und die meisten von uns sind so schnell wie möglich wieder zurückgekommen, nicht wahr?

E steht für **ECHTE WEISHEIT**. Eigentlich wollte ich nur Weisheit schreiben, aber ohne das Echte war die Weisheit nicht zu haben. Aber nutzen wir doch die Gelegenheit, zu zeigen, wie flexibel die Kirche zu sein imstande ist, und nennen wir es **EISHEIT**. Wir alle brauchen viel **EISHEIT**.

R steht für **RATIONALISTISCHE REKONSTITUTION DES ARTERIELL ALTERNIERENDEN DISPENSIONALISMUS**, und ich finde, das spricht für sich selbst, meinen Sie nicht?

N schließlich steht für **NÖRDLINGER RIES**. Manche von uns recken sich nach den Sternen, nicht wahr? Aber Vorsicht! Passen Sie auf, daß Ihnen keiner auf den Kopf fällt.

So, liebe Freunde, hier haben wir es also: **ÄRMELKANAL, NERVEN, DUNDEE, EISHEIT, RATIONALISTISCHE REKONSTITUTION DES ARTERIELL ALTERNIERENDEN DISPENSIONALISMUS und NÖRDLINGER RIES**. Eine einfache kleine Gedächtnishilfe, und wenn all das uns nicht verändert, dann sollte mich das doch sehr überraschen.

Vom Schellfisch Ihres Pfarrers

*Richand Hardcourt-Smedley*

## Örtliche Redensarten

### Eingesandt von Ashley Parr

„Wer Moos in Bier tunkt und es ißt, verliebt sich binnen Jahresfrist."

# Bericht über das Treffen der Gemeindesaal-Benutzer

## Gekürztes Protokoll von Miss C. Fitt

**ANWESENDE:**
**Pfarrer Richard Harcourt-Smedley** – Vorsitz
**Graham Clark** – Jugendclub
**Gloria Dowson** – Krabbelgruppe
**Vikar Curtis Woverlam** – Jesus-kennenlernen-Gruppe
**Sally Cumbersome** – Pfadfinderinnen
**Phyllis Tyson** – Frauenkreis
**Edna Galt** – Raumpflegerin
**Christine Fitt** – geht manchmal hin, um alleine zu Ballettmusik vom Band zu tanzen

Der Pfarrer rief die Versammlung zur Ordnung. Gloria Dowson sagte, es sei ein Jammer, daß es nicht der Jugendclub sei, der zur Ordnung gerufen werde.
Graham Clark sagte, es sei ein Jammer, daß frustrierte alte Scharteken nichts Besseres zu tun hätten, als ständig an anderen herumzukritisieren.
Phyllis Tyson sagte, sie finde Graham Clark sehr ungehobelt, und man könne ihm keine jungen Leute anvertrauen, wenn er so rede.
Sally Cumbersome sagte, sie wolle über Becher reden.
Edna Galt sagte, sie wolle über Stühle reden.
Graham Clark sagte, er wolle über Windeln und Farbe reden.
Der Pfarrer sagte: „Meine Damen! Meine Damen!"
Graham Clark sagte, er wolle zu Protokoll geben, daß er ein Mann sei.
Gloria Dowson gab ein lautes, sarkastisches Lachen von sich.
Graham Clark stand auf und sagte, er werde nicht bleiben, wenn er sich Beleidigungen anhören müsse.
Der Pfarrer brüllte laut und wurde dunkelrot im Gesicht.
Graham Clark setzte sich wieder.
Der Pfarrer bat alle Anwesenden, tief Luft zu holen und sich zu entspannen und die Tagesordnung anzuschauen, anstatt dauernd wild durcheinanderzurufen.
Phyllis Tyson sagte, sie hätte keine Tagesordnung bekommen, und obwohl der Frauenkreis den Saal gar nicht so oft benutzen würde, fände sie, sie hätte durchaus eine Tagesordnung bekommen müssen wie alle anderen auch.
Graham Clark entdeckte plötzlich einen Farbklecks auf seinem Stuhl und wollte, daß alle kamen und ihn sich ansahen.
Alle außer dem Pfarrer und dem Vikar scharten sich um ihn, um die Farbe zu betrachten.
Gloria Dowson sagte, es würde sie nicht überraschen, wenn Graham Clark sie selbst dort verkleckert hätte.
Graham Clark sagte, wenn Gloria Dowson in Indien wäre, würde man sie für heilig halten.
Alle fingen an, alle anderen anzuschreien.
Der Vikar fiel von seinem Stuhl, krallte seine Hände in die Brust und stöhnte.
Alle hörten auf zu schreien und machten sich große Sorgen um den Vikar.
Der Vikar setzte sich plötzlich auf und sagte, er hätte nur so getan, als wäre er krank, weil er es nicht ertragen könne, zu hören, wie lauter nette Leute miteinander streiten, obwohl sie doch eigentlich zu Jesus gehören und sich liebhaben müßten.
Alle anderen setzten sich wieder hin und sahen ein bißchen beschämt aus.
Der Vikar schlug vor, er wolle ein Gebet sprechen, bevor wir die Versammlung fortsetzten.
Phyllis Tyson weinte und fing an, über etwas zu reden, das ich nicht ins Protokoll aufnehmen durfte.
Der Pfarrer sagte, wir sollten uns einfach eine Weile unterhalten und einen neuen Termin für die Versammlung anberaumen.
Mir wurde gesagt, ich solle aufhören, Protokoll zu führen, nur daß wir danach Kaffee tranken und es sehr nett war.

# KINDERECKE

**JESUS UND ZAK**

Jesus bahnt sich seinen Weg durch die Menge zum Baum.

Zak war beunruhigt von dem, was Jesus sagte. Das mit dem Kamel und dem Nadelöhr hatte er gehört, aber er sagte sich, wenn er je vor diesem Problem stünde, würde er sich große Nadeln beschaffen.

Für Zak war Jesus der Traum eines Steuereinnehmers. Den Spruch mit „Gebt dem Kaiser" setzte er schon ewig ein, und der Rubel rollte nur so.

Jesus blickte hinauf und lud sich bei Zak zum Tee ein.

Zak erschrak, aber es gefiel ihm. Er ließ sich gerne mit berühmten Leuten sehen.

Zak empfing Jesus in seinem Haus.

Die Leute waren schockiert und sehr verärgert, weil Jesus so freundlich zu jemandem war, der vielen von ihnen das Fell über die Ohren gezogen hatte.

**FORTSETZUNG FOLGT ...**

# Waschen Sie Ihre
# SCHMUTZIGE WÄSCHE
## mit Simon Bleach

**?** Lieber Simon,
bitte helfen Sie mir.
Vor ein paar Wochen verließ ich das Haus, um zur Arbeit zu gehen, und als ich die Straße entlangging, merkte ich, daß ich meine Aktentasche vergessen hatte.
Auf der Straße waren zu beiden Seiten etliche Leute unterwegs, so daß ich mir dachte, es würde ein bißchen albern aussehen, wenn ich einfach auf dem Absatz kehrtmachte und geradewegs zurückginge.
Also schnalzte ich, bevor ich umkehrte, laut mit der Zunge, seufzte vernehmlich und schnippte verärgert mit den Fingern, um zu zeigen, daß mir plötzlich eingefallen war, daß ich etwas vergessen hatte.
Später, am Abend, mußte ich darüber nachdenken, daß Christen es eigentlich nicht nötig haben sollten, solche lächerlichen Pantomimen aufzuführen, nur um sich nicht lächerlich zu machen. Wen interessiert es denn, was die Leute denken?
Das sagte ich mir und beschloß, das nächste Mal, wenn ich etwas vergaß, einfach kehrtzumachen und zurückzugehen, ohne alberne Schauspielerei.
Ich bekam meine Chance schon wenige Tage später, als ich, kaum daß ich das Haus verlassen hatte, merkte, daß ich meine Dauerfahrkarte für die Bahn vergessen hatte.
Eingedenk meines Entschlusses zögerte ich keinen Augenblick, sondern wirbelte herum und marschierte forsch in der Gegenrichtung zurück, ohne mir auch nur die geringste Gefühlsregung anmerken zu lassen.

Kaum war ich ein paar Schritte gegangen, da fiel mir ein, daß meine Fahrkarte im Seitenfach meiner Aktentasche steckte, die ich immer mit zur Arbeit nehme. Wieder drehte ich, ohne zu zögern, um und machte mich in Richtung Bahnhof auf den Weg. Nach einer ungefähr gleichen Anzahl von Schritten wurde mir bewußt, daß ich meine Aktentasche vergessen hatte. Meinem Entschluß treu, machte ich sofort eine Kehrtwendung und marschierte wieder gen Heimat.
Als ich wiederum fünf Schritte getan hatte, erinnerte ich mich, daß ich, da heute ein Schulungstag war, meine Aktentasche nicht brauchen würde und daher meine Fahrkarte am Vorabend in die Innentasche meiner Jacke gesteckt hatte.
Nachdem ich umgekehrt war, um meinen Weg zum Bahnhof fortzusetzen, kam ich wieder nicht weiter als zuvor, bis mir die Tatsache bewußt wurde, daß ich nicht dieselbe Jacke trug wie am Tag zuvor.
Erst als ich mich umgedreht hatte und im Begriff stand, dieselben paar Meter Straße zum sechsten Mal zurückzulegen, fiel mir auf, daß sich auf der anderen Straßenseite eine kleine Menschenmenge versammelt hatte, die mich mit angeregtem Interesse beobachtete.

Natürlich muß es aus ihrer Sicht ziemlich merkwürdig gewirkt haben, daß ein Mann ohne ersichtlichen Grund sechsmal hintereinander dieselben fünf Meter eines öffentlichen Gehweges auf und ab ging, doch wären sie über meine Gedankengänge, die ich Ihnen in allen Einzelheiten geschildert habe, im Bilde gewesen, so hätten sie zweifellos verstanden, wie vernünftig und rational mein Verhalten in Wirklichkeit war.

Nun, meine Frage ist diese: Sollte ich es angesichts meines oben geschilderten Erlebnisses lieber auf andre Weise versuchen?

Meine Idee ist folgende: Wenn ich das nächste Mal die Straße entlang gehe und merke, daß ich etwas vergessen habe, werde ich stehenbleiben, die Aufmerksamkeit der anderen Leute auf der Straße auf mich lenken, indem ich ihnen heftig zuwinke und ihnen etwa folgendes zurufe:

„Hallo, Leute! Alle mal herhören! Dauert nur einen Moment. Also, ich habe Sie alle hier zusammengerufen, um Ihnen zu sagen, daß ich auf dem Weg zur Arbeit bin, und gerade ist mir eingefallen, daß ich etwas vergessen habe. Also werden Sie gleich sehen, wie ich umkehre, ohne irgendwelche albernen Signale, und zurückgehe, um es zu holen. Sieht vielleicht ein bißchen verrückt aus, ist es aber überhaupt nicht; nur ein ganz gewöhnlicher Fall von Vergeßlichkeit, mit der ich auf völlig vernünftige und normale Weise umgehe. So, das war's – bitte lassen Sie sich nicht länger aufhalten. Danke, daß Sie sich die Mühe gemacht haben, herzukommen und zuzuhören. Ich wünsche Ihnen einen schönen Tag."

Meinen Sie, das wird die Sache vereinfachen?

**Vaughn A.**

! *Lieber Vaughn,
ich schlage vor, Sie konzentrieren sich darauf, Ihre Vergeßlichkeit zu heilen, statt sich zu überlegen, wie Sie am besten in der Öffentlichkeit die Richtung wechseln, sonst könnte die Sache soweit vereinfacht werden, daß Sie sich in einer Situation wiederfinden, in der Sie nur noch fünf Meter zurückzulegen haben, egal, in welcher Richtung Sie gehen, mit schön weichen Wänden, die Ihren Kopf schützen, falls Sie versuchen, weiterzugehen.*
**Simon**

• • • • • • • • • • • • • • • • • • • •

? Lieber Simon Bleach,
zweifellos haben meine beiden früheren Beschwerden über George Pains lächerliche Verse auf der Titelseite jedes Magazins Sie tödlich gelangweilt, und ich habe mein Bestes getan, um meine Reaktionen auf seine überwältigend albernen Ergüsse von April bis August herunterzuschlucken, aber nach der September-Ausgabe kann ich mich nicht länger zurückhalten. Der Herbst ist für mich eine Jahreszeit von beinahe heiliger Schönheit. Ich beklage ihre Trivialisierung durch Pain, der nur um eines billigen Knittelverses willen die Herbstblätter als „bunt" bezeichnet. Was für eine billige Pauschalisierung! Blätter werden nicht bunt, nein, das tun sie nicht! Das tun sie nicht! Sie werden gelb und rot und golden und braun. Aber sie werden nicht bunt! Das tun sie nicht!
**Hilda**

! *Liebe Hilda,
Gott sei Dank, daß es noch ein paar Leute wie Sie gibt, die bereit sind, aufzustehen und in wichtigen Auseinandersetzungen wie dieser ihre Stimme zu erheben. Ist es nicht unglaublich, daß manche Leute, die vermutlich ihre Zeit mit törichten Dritte-Welt-Fragen vertun, nicht einmal ein Bewußtsein für das Bunte-Blätter-Problem haben?*
**Simon**

• • • • • • • • • • • • • • • • • • • •

? Lieber Simon,
vor zwei Monaten war ich auf dem Weg zum Arzt, um meinen

## HAUSHALTSTIPS

### Flecken

**Eingesandt von Lily (Ich bin 83!) Forrest**

Unansehnliche Flecken von Tee- oder Kaffeetassen auf Holzoberflächen müssen kein Problem sein. Mischen Sie zwei Tropfen Salzsäure mit einem Eßlöffel Senf und reiben Sie die Paste mit dem Fell eines frisch gehäuteten Maulwurfs in den Fleck ein. Über Nacht stehenlassen und am Morgen mit einem in kaltem Tee getränkten Schwamm abwaschen.

Schiffbruch behandeln zu lassen, und ging unterwegs kurz in die Bank, um etwas von meinem Gyroskonto abzuheben. Der Angestellte sagte zu mir: „Das ist bei uns aber nicht Ouzo!"

**George, der nicht mehr anonyme Reisende**

**!** *Lieber George,*
*noch so ein Kalauer, und ich verrate allen Ihr Geheimnis.*
**Simon**

• • • • • • • • • • • • • • • •

**?** *Lieber Simon,*
ich bin zur Zeit sehr deprimiert, weil mir, obwohl ich dauernd an alle möglichen Leute lange, geistlich aufbauende seelsorgerliche Briefe schreibe, nie jemand antwortet. Dieses Problem ist so chronisch, daß ich allmählich ernsthaft überlege, ob da nicht irgendein dämonischer Geist der Abhaltung am Werk ist. In gewissem Sinn ist das ermutigend und aufregend, denn es zeigt, daß ich wohl irgend etwas richtig machen muß, nicht wahr? Aber wie bekämpfe ich die Macht des Bösen, die meine Arbeit zu behindern versucht?

**!** *Lieber wie immer Sie heißen und wo immer Sie sind,*
*ich vermute, daß die entfernte Möglichkeit bestehen könnte, daß ein dämonischer Geist der Abhaltung am Werk ist, aber nach vielem Nachdenken und Beten neige ich persönlich der etwas prosaischeren Theorie zu, daß Ihr Versäumnis, Ihre Briefe mit Ihrem Namen und Ihrer Adresse zu kennzeichnen, ein erheblich bedeutsamerer Faktor in diesem Bereich ist.*

**(So:) Simon**

*P.S.: Sie sollten sich bewußtmachen, daß das Hinzufügen Ihres Namens und Ihrer Adresse zu Ihren geistlich aufbauenden Briefen noch nicht garantiert, daß sie beantwortet werden – was nicht das geringste mit Dämonen zu tun hat, wohlgemerkt.*

• • • • • • • • • • • • • • • •

**?** *Lieber Bleach,*
als Organist und Chorleiter in St. Yorick's ärgere ich mich sehr über Berichte, die ich gehört habe, über mich und die musikalische Arbeit in dieser Kirchengemeinde werde negativ geredet.
Um zu demonstrieren, daß wir Musiker nicht so engstirnig, zwanghaft, langweilig und humorlos sind, wie manche Leute offenbar denken, möchte ich gern, daß die Leser dieser Zeitschrift den folgenden Auszug aus einem Brief lesen, den ich an meinen Sohn geschickt habe, der ebenfalls Musiker ist und gegenwärtig an der Universität Musik studiert, als Antwort auf einen Brief seinerseits, in dem er seine Besorgnis darüber äußerte, daß er bisher keine Unterkunft für sein zweites Studienjahr gefunden habe, und fragte, ob ich jemanden in der Gegend wüßte, der vielleicht behilflich sein könnte.
Ich wollte ihn wissen lassen, daß ich letzten Endes keine allzu großen Schwierigkeiten sah und daß er zweifellos rechtzeitig etwas Passendes finden werde. Um ihn ein wenig zu erheitern, kleidete ich einen Teil meiner Botschaft in die folgenden Worte:

„Keine Sorge, der Herr wird Dir schon aus dieser **Tonlage** helfen. Ich habe stets erfahren: Kaum wußte ich nicht mehr weiter, **Sonate** auch schon die Hilfe. Mit etwas **Takt** wirst Du schon bald wieder einen **Schlüssel** in der Hand haben, und sicher wird es mit Deinem neuen Vermieter **philharmonischer**. Es gibt doch so viele Studentenzimmer, daß keiner weiß, wo **Hindemith**. Mach nur keine **Triolen** und laß Dich nicht auf **Händel** ein, sonst geht es den **Bach** hinab."

Ist das etwa langweilig? Wohl kaum. Mich macht das alles so wütend!

**Herbert Spanning**

**!** *Lieber Spanning,*
*wenn Sie nicht aufhören, so auf die **Pauke** zu hauen, wäre ich **Baß** erstaunt, wenn Sie nicht bald einen **Terz-Anfall** kriegen. Sehen Sie? Ich bin auch nicht langweilig!*
**Bleach**

• • • • • • • • • • • • • • • •

---

## Zimmer frei
### in Zwei-Personen-WG

wegen abrupten Auszugs und vorübergehenden Krankenhausaufenthalts des bisherigen Bewohners. Bewerber können Christen sein, wenn sie wollen, dürfen aber keinerlei Meinung zum Aufnehmen von Musik haben.

**Telefon 639742**

# ANSCHLAGBRETT

## GOTTESDIENSTE

### SONNTAG
8.00 Uhr  Kommunion
9.30 Uhr  Familienhirngespinst
11.00 Uhr  Morgens zu spät
18.30 Uhr  Aralienbeet

### MITTWOCH
10.30 Uhr  Komm nun schon

## Der Frauenkreis

findet diesen Monat am Donnerstag, dem 13. Oktober, im Gemeindesaal statt. Mrs. Veegley aus Meopham wird zu uns zum Thema „Die Gebahren der Verschickung ins Okkulte" sprechen. Mrs. Veegley ist die Gattin des Kunstkritikers Jerome Veegley, bekannt für sein Buch „Die Kugel in der zeitgenössischen Kunst". Vor ihrer Bekehrung war sie selbst eine Haxe.

## Öffentliche Bekanntmachung

Fungil und Foskitt-Bestattungen geben bedauernd bekannt, daß während der ersten beiden Oktoberwochen aufgrund der hohen Zahl von Kunden, die ihre Dienste beanspruchen, keine weiteren Aufträge entgegengenommen werden können. Wir möchten außerdem die Gelegenheit nutzen, öffentlich darum zu bitten, in Zeiten wie dieser davon Abstand zu nehmen, in der Firma anzurufen und zu fragen, ob irgend jemand „abgesprungen" sei.

## 

Wieso soll der Teufel all die besten Partys kriegen? Am Freitag, dem 31. Oktober, werden nichtchristliche junge Leute sich in bizarre Kostüme kleiden und im Dunkeln von Haus zu Haus gehen, um die Bewohner vor die Wahl zu stellen, ihnen entweder Süßigkeiten, Essen und Geld zu geben oder von ihnen einen teuflischen Streich gespielt zu bekommen. Danach gehen sie wahrscheinlich auf irgendeine wilde Party, wo es laute Musik und Tanz und starke Getränke und jede Menge anderer junger Leute gibt, die alle bis in die frühen Morgenstunden Halloween feiern. Aber das wollen wir alles nicht, stimmt's, ihr jungen Christen? Denn wir werden ihnen von sieben Uhr morgens bis halb elf Uhr abends auf den Fersen folgen und von Tür zu Tür evangelisieren, um dann in den Gemeindesaal zurückzukehren und dort unsere eigene Party zu feiern, und das wird eine Nicht-Halloween-Party! Was haltet ihr davon? Wir werden mehr Spaß haben als die, oder? Wir werden Tischtennis spielen, Kürbis und Würstchen am Spieß essen und eine Willow-Greek-Kassette über die Lautsprecheranlage hören. Hoffentlich sehen wir uns dort!

# Bericht vom Bunten Abend zum Erntedankfest

## 27. September – Von Dave Billings

Natürlich bin ich all denen dankbar, die sich am Bunten Abend beteiligt haben, und sicher werde ich auch mit der Zeit denen von Herzen vergeben können, die gesagt haben, sie würden mitmachen, dann aber nie dazu kamen, mir zu sagen, was genau sie beitragen würden, aber ich denke, es lohnt sich, darüber nachzudenken, daß das Programm dieses Jahr vielleicht eine Spur unterhaltsamer hätte sein können, wenn es eine etwas größere Auswahl an Vorschlägen gegeben hätte. Auch manche der ordinären Bemerkungen aus dem Hintergrund des Saales fand ich nicht sonderlich erbaulich, zumal sie ausgerechnet von jenen Personen zu kommen schienen, die mir versichert hatten, sie würden sich richtig ins Zeug legen, um „dieses Jahr wirklich etwas Gutes zu bieten". Hier ist mein Bericht über das außergewöhnliche Programm, das der Gemeinde dieses Jahr auf dem Bunten Abend dargeboten wurde, mit Zeitangabe zu jedem Programmpunkt. Ob es im nächsten Jahr wieder eine solche Veranstaltung geben wird, ist derzeit noch schwer zu sagen. Ich war ein wenig verbittert, aber allmählich bin ich wieder soweit, daß ich nur noch jemanden verprügeln möchte.

**Emily Townsend:**
Stricken zu musikalischer Begleitung – fünf Minuten.

**Georgina Weft und Gloria Pope:**
Witze über Seelsorge für Trauernde – fünf ernste Minuten.

**Hilary Tuttsonson:**
Amüsante Anekdoten aus etlichen erfolgreichen Jahren eines erstklassigen Pensionsbetriebes, der Gemeindegliedern und ihren Freunden oder Besuchern erhebliche Preisnachlässe gewährt – fünf Minuten.

**George Pain:**
Zog seinen nackten Bauch so ein, daß er aussah wie das Gesicht eines Orang-Utans – elf Sekunden (ausgebuht).

**Professor Varden:**
Eine kurze Darstellung der molekularen Interaktion zwischen unsynthetisierten elektrischen Dysfunktionen und den quasi-protonischen Elementen der Kernfusion – fünf Jahre.

**Norman Bewes:**
Imitation des Außenministers Robin Cook beim Schälen einer Kartoffel – sieben Sekunden, wollte es aber immer wieder machen. Weigerte sich, die Bühne zu verlassen, wurde ziemlich aggressiv und mußte von seiner Frau und einem Freund weggelockt werden.

**Cynthia Pope (6 Jahre):**
Heulte sich die Augen aus, weil sie es doch nicht schaffte, vor Publikum auf ihrer Violine „Weißt du, wieviel Sternlein stehen" zu spielen, obwohl sie sich seit einer Ewigkeit darauf gefreut hatte – fünfundzwanzig Sekunden, acht Sekunden, siebenunddreißig Sekunden und zwei Sekunden.

**Experimentelle moderne christliche Tanzgruppe St. Yorick's:**
TANZEN MIT VERBUNDENEN AUGEN – EIN NEUES STÜCK, BEI DEM INNERE WAHRNEHMUNG STATT NORMALEN SEHENS GENUTZT WIRD, UM EIN BEWUSSTSEIN FÜR RAUM UND FESTE OBJEKTE ZU SCHAFFEN – sollte laut Programm zehn Minuten dauern, mußte aber vorzeitig abgebrochen werden, als zwei Mitglieder des Ensembles mit Verdacht auf Gehirnerschütterung in die Notaufnahme eingeliefert werden mußten.

**Thomas Grimaldi:**
Mussolini, wie er an einem Laternenpfahl aufgehängt wird – zwei zutiefst beunruhigende Minuten.

# DER SCHÄDEL

**NOVEMBER**

1,–

Gemeindezeitung der Pfarrei St. Yorick's, Gently Down

**Wenn's im November neblig ist wird vielleicht sogar G. Pain geküßt**

**GLAUBE IN AKTION**

*„Wenn wir euch zugut Geistliches sägen ..."*
(1. KORINTHER 9,11)

**PFARRER:** REVEREND RICHARD HARCOURT-SMEDLEY D.D. TEL.: 569604
**VIKAR:** REVEREND CURTIS WARMVOLE B.D. TEL.: 563957
**KIRCHENVERSPRECHER:** MR. C. VASEY B.A. TEL.: 563749
**PFARRSAKROTAN:** C. B. DUDE K.E.B.T. TEL.: 569604
**SCHÜTTEL-BEITRÄGE AN HENRY PITCHER, 3 FOXGLOVE ROAD: 563328**

# Ein Brief des Pfarrers

*Diesen Monat eingeleitet von Christine Fitt*

Wie viele von Ihnen wissen, bin ich die Sekretärin des Pfarrers. Kurz vor seinem Aufbruch in den Herbsturlaub wies Pfarrer Harcourt-Smedley mich an, seinen Entwurf für einen neuen Gottesdienstablauf für die Gemeinde an den Redakteur des „Schädel" weiterzugeben, und regte an, diesen als seinen Brief an die Gemeinde für diesen Monat zu verwenden. Leider teilte er mir nicht mit, wo genau sich dieser Entwurf befand, doch nach langer Suche fand ich schließlich die folgenden Notizen in einer Schublade neben seinem Bett. Offenbar handelt es sich um Gedanken, die an verschiedenen Stellen in den Gottesdienst eingeführt

# St. Yorick's Kommunionsgottesdienst

**Zu Beginn des Gottesdienstes**

Kaum jemand wird pünktlich zum Beginn des Gottesdienstes erscheinen. Keinem wird der Gedanke kommen, daß dies eine Rolle spielt. Vor dem Eröffnungslied wird der Geistliche einen Scherz machen. Niemand wird lachen.

**Bei den Liedern**

Die Gemeinde singt mit außerordentlich ungleichmäßig verteilter Musikalität und Lautstärke. Hilda Worthington wird jede Zeile um einen Sekundenbruchteil später als der Rest der Gemeinde beenden. Ihr Gesang wird dem Geräusch ähneln, das ein Huhn von sich gibt, das sich auf einen stromführenden Draht gesetzt hat. Wann immer Dave Billings für den regulären Organisten einspringen wird, werden alle wünschen, sie wären tot. Jonathan Basset wird über den von Dave Billings produzierten Lärm lachen und sich einen Klaps seiner eifersüchtigen Eltern

# Gebete für den Monat

### Von Eileen Grable

*Herr, wir bringen vor dich Glenda Andrews, und wir danken dir, daß sie es letzten Monat auf sich genommen hat, für deine Magd zu beten, die nun dies schreibt. Wir beten für sie und ihre Freundinnen, daß sie alle jene Gaben des Sehens und Hörens wiedererlangen mögen, die in ihrem Fall offenbar aufs Tragischste geschädigt sind, und wir beten besonders für Glenda, daß sie so viel von ihrer Demut verlieren möge, daß sie ein gesundes Interesse für ihre eigenen Angelegenheiten entwickeln kann und sich mit weniger Hingabe auf die unschuldigen Aktivitäten anderer konzentrieren muß. Wir erinnern uns in diesem Moment an den letzten Besuch deiner demütigen Magd bei Glenda und bitten, daß der entkräftete Zustand, der unsere Schwester davon abhielt, ihr Haus halbwegs sauberzuhalten, nun von ihr genommen werden möge. Möge ihr zunehmend bewußt werden, daß das Böse sich oft sowohl in den geistlichen wie auch in den zeitlichen Bereichen des Lebens rächt, und möge sie besonders daran denken, daß es, wenn sie deiner Magd das nächste Mal begegnet, zu einer theologischen Diskussion von großer Tiefe und Intensität kommen wird. Schließlich, möge ihre Zunge vollkommen geheilt werden und nie wieder von einer so furchtbaren Fäulnis befallen werden.*

*Amen.*

werden könnten, und sie sehen sehr abgegriffen aus, so als hätte er sie immer wieder vor dem Einschlafen durchgelesen und überprüft. Scheinbar sind sie schon vor einiger Zeit niedergeschrieben worden, aber ich bin sicher, daß das nicht sein kann, da der Pfarrer, wie ich weiß, erst in letzter Zeit an diesem Projekt gearbeitet hat. Ich bin sicher, daß dies die Pläne sind, die er der Gemeinde zur Kenntnis geben wollte, bevor irgendwelche endgültigen Entscheidungen getroffen werden, und ich habe auch keinerlei Zweifel, daß er bei seiner Rückkehr dankbar für Rückmeldungen sein wird.

einfangen. Wann immer Vaughn Claridge seine Quetschkommode hereinschmuggeln und darauf zu spielen versuchen wird, wird er von diversen zuvor bestimmten Mitgliedern der Gemeinde daran gehindert und hinausgeführt werden.

## Beim Kinderteil

Die Kinder werden den entscheidenden Punkt einer lehrreichen kleinen Geschichte nicht verstehen. Man wird ihnen eine idiotensichere Frage stellen. Sie werden nicht antworten. Ein peinliches Schweigen wird eintreten. Eltern werden ihren Kindern etwas zuzischen, um sie zum Reden zu ermuntern. Dieselben beiden, die es immer tun, könnten sich schließlich dazu herbeilassen.

## Beteiligung der Kinder am Gottesdienst

Die Kinder werden ein kleines Anspiel aufführen. Es wird für alle außer den in der ersten Reihe Sitzenden unsichtbar und unhörbar sein. Die beteiligten Kinder werden nicht verstehen, was sie sagen oder tun. Sie werden ratlos von zwei gebückt gehenden Erwachsenen von einer Position zur anderen geschoben werden. Die Versammlung wird verwirrt, aber bezaubert sein.

## Beim Lobpreisteil

Die meisten Anwesenden werden während der Lobpreiszeit halbherzig klatschen. Einige werden ihre Zähne entblößen. Philip Jaws, seine Frau und all die kleinen Jaws werden mit ungemeiner Begeisterung klatschen und herumhüpfen, allerdings völlig aus dem Takt der Musik. Wann immer Maude Glass die Lobpreiszeit leitet, wird sie ein vage summendes Geräusch machen, indem sie mit dem Daumen über ihre Gitarrensaiten streicht, und in einer zu einem völlig anderen Sonnensystem passenden Tonart singen. Hugh Danby wird sich fragen, warum er immer noch hierherkommt, wenn er doch nur ein paar Häuser weiter zur Exklusiven Lebendigen Gemeinde des Letzten Wortes der Offenbarung gehen könnte. Der Geistliche wird wünschen, er täte es.

## Bei der Kollekte

An der Stelle im Kollektengebet, wo der Geistliche und die Gemeinde sagen: „Von dem, was dir gehört, haben wir dir reichlich gegeben", werden viele Schuldgefühle haben, weil sie sich widerwillig von siebzehn Pfennig getrennt haben.

## Bei der Predigt

Zu Beginn der Predigt werden einige resigniert seufzen. Die alte Mrs. Williams wird sich zum Schlafen zurechtsetzen. Mindestens eine Mutter wird mit ihrem schreiende Baby drinnen bleiben. Hilary Tuttsonson in der ersten Reihe wird sich dem Geistlichen entgegenbeugen und sich ihren unsäglichen Ausdruck der Ermutigung aufs Gesicht setzen. Die Kindergottesdienstleiterin wird kurz vor dem Ende der Predigt alle Kinder wieder hineinlassen, nur um den Geistlichen zu ärgern, von dem sie meint, er müsse mehr Rücksicht auf die Bedürfnisse anderer nehmen. Der Geistliche wird sie und die Kinder ohnmächtig anstarren und beschließen, diese Sache ein für allemal zu klären, sobald der Gottesdienst zu Ende ist. Am Ende der Predigt wird Mrs. Williams mit einem lauten, tierischen Geräusch aufwachen. Jonathan Basset wird seinen zweiten Klaps bekommen.

## Beim Wechselgespräch

Die Versammlung wird mit einem dumpfen, monotonen Murmeln antworten. Es wird sich anhören, als erklärten sie sich widerwillig bereit, sich in sehr naher Zukunft foltern zu lassen.

## Beim Gebet des demütigen Zugangs

Hilda Worthington wird insgeheim denken, daß sie wohl doch würdig sei, die Krumen unter seinem Tisch aufzulesen.

## Beim Friedensgruß

Die Versammlung wird sich unglücklich herumdrücken,

### Örtliche Redensarten

Eingesandt von Cordless O'Leary

*„Schwimmt die Feldmaus in der Gosse, wünscht sie sich statt Schwanz 'ne Flosse."*

und jeder wird sich fragen, wen er küssen, wen er umarmen und wen er ignorieren soll. George Pain wird die beiden attraktivsten Frauen in der Gemeinde ganz unnötig lange umarmen. Mrs. Purbrick wird die Toilette aufsuchen, bis alles vorbei ist.

## Bei der Kommunion

Zuerst werden alle zögern, und niemand wird an das Geländer treten, dann werden alle gleichzeitig zum Geländer kommen. Ein Durcheinander wird entstehen. Manche der Anwesenden werden in andere Bankreihen zurückkehren als die, auf denen sie vorher saßen. Konflikte werden an verschiedenen Stellen in der Kirche entstehen und in zischelndem Geflüster ausgetragen werden. Viele der Kommunikanten werden sich Sorgen machen, ob sie das Abendmahl nehmen dürfen, da sie so schlechte Menschen sind. Der Geistliche wird genau wissen, wie sie sich fühlen.

## Bei den Bekanntmachungen

Der Geistliche wird alle Bekanntmachungen verlesen. Niemand wird zuhören, mit Ausnahme einiger aktiver Mitglieder der Gemeinde, die den Geistlichen durch Zwischenrufe in Detailfragen korrigieren. Der Geistliche wird innerlich kochen.

## Beim Schlußlied

Diverse Mitglieder der Gemeinde werden sichtlich verärgert darüber sein, daß der Geistliche unbedingt noch einen letzten, langen Choral singen lassen muß, obwohl der Gottesdienst wegen der Kommunion ohnehin schon weit überzogen ist. Sie werden sich fragen, wieso er denn nicht flexibler sein kann. Der Geistliche wird ein gewisses Vergnügen daraus schöpfen, das Ende so lange wie möglich hinauszuzögern.

## Beim gemeinsamen Segenszuspruch

Mrs. Purbrick wird wieder die Toilette aufsuchen. Der Rest der Gemeinde wird sich gegenseitig mit süßlichem Grinsen überschütten. Jonathan Basset wird so tun, als müsse er sich übergeben, und sich seinen dritten Klaps einfangen.

## Beim Gemeindekaffee

Die Gemeinde wird sich wieder in menschliche Wesen verwandeln und die Herzlichkeit zeigen, die während des Gottesdienstes so spürbar fehlte. Die Kinder werden sich an Keksen überfressen. George Pain wird alle Neuen herzlich begrüßen, in der Hoffnung, zum Sonntagsbraten eingeladen zu werden.

## Etwas, das mir widerfuhr
### Von Colin Vasey

Eines Abends in der Kirche sah
ich ein leuchtendes Baby auf dem Altar

Ich beugte mich über das Geländer
da ward es zu einem Blumenständer

Der Blumenständer war hart und kalt
doch wunderschön und noch nicht alt

Ich trug ihn langsam durch den Gang
und sprach zu ihm: Komm, sei nicht bang

Da flogen Sterne durch die Mauern
und regneten in strahlenden Schauern

Wie Gold mein Baby darauf erstrahlt
doch leider war es immer noch kalt

Der Lesepultadler flog auf, um zu sehn
was ich im Arm hielt, leuchtend und schön

doch kaum erblickt er die Blumensäule
da fuhr er zurück mit schrillem Geheule

und flog durch ein Buntglasfenster mit Krachen
Im Scherbenregen verging mir das Lachen

Ich floh, doch als ich noch hinter mich sah
lag leuchtend ein Baby auf dem Altar

# Waschen Sie Ihre
# SCHMUTZIGE WÄSCHE
## mit Simon Bleach

**?** Lieber Mister Bleach,
ich bin sieben und ich klaube nicht mehr an den Weinachzmann. Das sind blos die. Die kommen rein wenn man schläft und legen die Geschenke hin, dann essen sie die Kexe und trinken den Scherri, die sie selber hingestellt haben. Ich habe meine Mama gefrakt aber sie will mir nicht die Waheit sagen. Meinen Papa habe ich auch gefrakt aber der sagt blos frak Mama. Ist doch ganz kla das die das sind und diese Weinachten bleib ich wach und erwische sie. Das ganze Zeug mit den Elfen. Und Renntieren. Die sind das blos selber. Es gibt ga keinen Weinachzmann.

**Cherry Andrews**

**!** *Liebe Cherry,
vielen Dank für Deinen interessanten Brief. Ich finde es sehr richtig und lobenswert, daß ein siebenjähriges Mädchen wie Du Dinge in Frage stellt, die ihm von seinen Eltern jahrelang als Tatsachen dargestellt wurden. Warum solltest Du auch Geschichten von Rentieren und Elfen und ähnliches dummes Zeug einfach schlucken? In Deinem Brief sagst Du ganz deutlich und entschieden, daß Du nicht an den Weihnachtsmann glaubst. Ich achte diese Ansicht, und der Weihnachtsmann selbst tut das ganz sicher auch. Ich werde Deinen Brief schon bald direkt an ihn weitergeben, und ich bin sicher, daß er auf die allerbeste und passendste Weise darauf reagieren wird. Es ist sehr tapfer von Dir, die Wahrheit einem albernen Sack voller Geschenke vorzuziehen.*

***Simon***

• • • • • • • • • • • • • • •

Liebe Leser,
als regelmäßige Leser meiner Kolumne sind Sie eingeladen, mir zu schreiben, welcher einzelne Vorfall in St. Yorick's Sie im vergangenen Jahr am meisten zum Lachen gebracht hat. Und seien Sie nicht zu rücksichtsvoll, wenn es um Namen geht, ja? Wenn wir schließlich nicht über uns selbst lachen könnten, dann wäre irgend etwas ziemlich faul. Okay? Also schreiben Sie. Der beste Beitrag wird im Dezember-"Schädel" veröffentlicht und mit einem passenden Preis honoriert.

• • • • • • • • • • • • • • •

**?** Lieber Simon Bleach,
ich nehme an, Sie fanden Ihre Antwort auf meinen Brief zugunsten der Heringe in der März-Ausgabe unbeschreiblich witzig. Ich nicht. Ich nehme alle Geschöpfe der Tiefe ernst, auch wenn Sie sich darüber lustig machen. Der Spielplatz des Wales zum Beispiel ist von Gott geschaffen. Machen Sie einen Witz darüber, wenn Sie können.

**Hilda**

**!** *Liebe Hilda,
ich kann Ihnen versichern, daß ich nicht die geringste Absicht habe, einen Witz über etwas so Heiliges wie das Cardiff Arms Park Stadion zu machen.*

***Simon***

• • • • • • • • • • • • • • •

# SCHLAGLICHT

## 6

## DER VIKAR
## VON
## HENRY KING

Ich mache mich mit der üblichen Reporterausrüstung auf den Weg, um mein letztes Schlaglicht-Interview des Jahres zu machen. Diesmal werde ich mich mit dem Vikar Curtis unterhalten, der in einem kleinen Haus in Apsley Gardens wohnt, das der Kirchengemeinde gehört. Hier bin ich noch nie gewesen. Als ich ankomme, ist es schon dunkel, doch aus allen Fenstern des Hauses strahlt Licht, und nirgends scheinen Vorhänge zugezogen zu sein. Bei mir entsteht der vage Eindruck, als ob drinnen in allen Zimmern Leute herumwirbeln und mit allen möglichen Dingen beschäftigt sind.

Als ich gerade an die Haustür klopfen will, geht sie auf, und zwei lachende junge Leute fallen mehr oder weniger durch die Tür, knallen sie hinter sich zu und verschwinden in der Dunkelheit, offenbar ohne mich zu bemerken. Ich klopfe noch einmal, und diesmal wird die Tür von Curtis geöffnet, der sich ein Telefon an ein Ohr geklemmt hat. Die Schnur des Telefons verschwindet irgendwo im Innern, zum Zerreißen gespannt. Er lächelt und winkt mir begeistert zu, in die Diele zu treten, und während er sich am Telefon angeregt unterhält, spielt er mir mit einer Hand eine komplizierte Pantomime vor, in der er mit etwas herumnestelt, dann etwas füllt, dann etwas eingießt, dann etwas in etwas anderes taucht.

## RUNZELN

Nachdem ich die Stirn gerunzelt und fragend zurückgestikuliert habe, kapiere ich schließlich, daß er mich einlädt, mir in der Küche etwas zu trinken zu machen. Ich quetsche mich im Flur an ihm vorbei und mache mich auf die Suche nach der Küche, in der, wie sich zeigt, vier oder fünf Leute, etwa in meinem Alter, dicht gedrängt um einen kleinen Tisch bei Bibeln, Wein, Käse und frischem Brot sitzen. Offenbar fühlen sie sich sehr wohl, und ich wünsche, ich wäre einer von ihnen, bin aber unsicher, wie man es anstellt, sich an dem zu beteiligen, was sie dort machen. Sie zeigen sich sehr gastfreundlich. Sie fragen mich, wer ich bin und laden mich zu einem Glas Wein und einem Bissen zu essen ein, aber ich bin schüchtern und sage ihnen, ich müsse den Vikar interviewen, also wolle ich mir nur einen Kaffee machen und sie dann in Ruhe lassen. Sie sagen mir, ich dürfe gern jederzeit freitags kommen, wenn ich bei ihnen mitmachen wolle. Eigentlich würde ich das gern, aber im stillen frage ich mich, ob ich wohl je den Mut dazu aufbringen werde. Vielleicht – antworte ich mir selbst.

Ich finde alles, um mir meinen Kaffee zu machen, und nehme ihn dann mit zurück auf den Flur, wo Curtis immer noch am Telefonieren ist. Er lächelt und nickt aufmunternd, als er den Kaffeepott in meiner Hand sieht, mimt dann ein finsteres Stirnrunzeln und zeigt mit dem Daumen auf seine Brust, als wolle er sagen: „Und wo ist meiner?"

Ich stelle meinen Becher auf die Kommode und gehe zurück in die Küche. Irgendwie erfüllt es mich mit einem warmen Glühen, daß ich jetzt hier bin und mich nicht mehr wie ein Gast fühle, sondern weiß, wo alles ist. Die Leute am Tisch wissen sogar noch meinen Namen. Während ich den zweiten Kaffee mache, fällt mir auf, daß sie eine Menge zu lachen und sich gegenseitig auf die Schulter zu hauen scheinen.

Als ich mit Curtis' Kaffee wieder auf den Flur komme, ist er immer noch am Telefonieren. Er grinst und nickt und zeigt mit dem Daumen nach oben, als er seinen Kaffee sieht, dann bedeutet er mir mit dem Finger, durch eine Tür auf der anderen Seite des Flurs zu gehen. Aus irgendeinem albernen Grund rechne ich damit, daß dieses Zimmer leer ist. Ist es nicht. Auf dem Sofa sitzt ein junges Pärchen händchenhaltend dicht beieinander. Ich bin den beiden schon begegnet. Sie heißen Dorothy James und Jacob Westbrook. Ich glaube, sie „gehen miteinander". Sie lächeln mich ein wenig bläßlich an.

## Sofa

Curtis kommt herein, reibt sich die Handflächen und sagt, „Okay, wo ist der Kaffee?" Er nimmt seinen Becher von dem kleinen Tisch, wo ich ihn sorgfältig auf einem benutzten Briefumschlag abgestellt habe, nimmt einen Schluck und sagt dann: „Gut, ihr beiden, es ist Zeit! Seht ihr schon ein bißchen klarer?"

Sie nicken ziemlich trübsinnig mit den Köpfen, doch als sie das Zimmer verlassen, umarmt Dorothy Curtis, und ich höre, wie sie sich draußen auf dem Flur für irgend etwas bei ihm bedankt. Sie unterhalten sich noch ein paar Momente murmelnd miteinander, dann schlägt die Haustür zu. Curtis kommt zurück ins Zimmer und läßt sich auf das Sofa plumpsen, wo sie gesessen haben. Er schlürft noch einmal an seinem Kaffee und sagt dann: „So, Henry, tut mir leid, daß ich Sie habe warten lassen. Schön, Sie zu sehen. Schlaglicht, nicht wahr? Schießen Sie los! Ich bin ganz Ohr – das sagen mir die Leute zumindest immer. Haha!"

Ich hole Notizbuch und Stift hervor und sage: „Gut, darf ich damit anfangen, daß ich Sie frage, ob –"

Das Telefon klingelt. Curtis springt vom Sofa auf und verschwindet auf dem Flur. Ich höre, wie er erklärt, er habe Besuch. Dann kommt er wieder herein, macht die Tür zu und läßt sich wieder aufs Sofa fallen. Er sagt: „Tut mir leid – aber jetzt! Schießen Sie los!"

## Baff

Ich sage: „Ich würde Sie gerne fragen, ob –"

**HAUSHALTSTIPS**

# Erkältungen

### Eingesandt von Alice Williams

Schwere Erkältungen sind etwas Furchtbares, aber hier ist ein bewährtes Heilmittel, das nie versagte, wenn meine Mutter es bei uns Kindern anwandte. Ziehen Sie alle Kleider aus, setzen Sie sich in ein mit zerstoßenem Eis gefülltes Becken, stecken Sie die Füße in eine Schüssel mit kochendem Wasser, kauen sie eine Zitronenscheibe und schnüffeln Sie abgestandenes Salzwasser durch die Nase. Manchmal saßen wir Kinder zu dritt nebeneinander in unserem großen alten Küchenbecken! Damals wußten wir noch, wie man sich seinen Spaß selber macht.

Ein Klopfen vom Flur her. Einer der Leute, die in der Küche am Tisch saßen, steckt seinen Kopf durch die Tür. Er sagt: „Tut mir leid, Henry. Tut mir leid, Curtis, es ist wegen Phil – du weißt schon. Könntest du mal eben kommen?"

Einen Augenblick lang scheint Curtis innerlich mit sich zu debattieren, dann springt er auf und sagt: „Tut mir leid, Henry – zwei Sekunden."

Zwei oder drei Minuten später kommt er wieder und sagt: „Ich tue Buße! Vergeben Sie mir! Nun aber los. Sie wollten mich fragen, ob ..."

Ich sage: „Wissen Sie, Sie haben im Moment offenbar sehr viel zu tun. Wäre es vielleicht besser, wenn ich wiederkomme, wenn Sie mehr Zeit haben? Es macht mir nichts aus, den Termin zu ändern, ehrlich."

Curtis sagt: „Oh nein, einen besseren Tag wird es nicht geben. Ich habe extra meinen freien Tag ausgesucht, damit wir nicht zu oft unterbrochen werden."

Ich bin baff. Ich sage: „Ihr–?"

Das Telefon klingelt. Curtis springt vom Sofa auf und verschwindet wieder im Flur. Kurz darauf steckt er seinen Kopf durch die Tür, den Hörer am Ohr. Er verzieht das Gesicht, schüttelt den Kopf und verdreht die Augen, um deutlich zu machen, daß er diesen Anrufer nicht so schnell wird abschütteln können. Ich seufze, trinke meinen Kaffee und warte. Als ich höre, wie er auflegt, halte ich mich bereit, und als Curtis hereinkommt, überfalle ich ihn mit meiner Frage, bevor wieder etwas dazwischenkommen kann.

## Plage

Ich sage rasch: „Ich würde Sie gerne fragen, ob Sie und der Pfarrer gut miteinander auskommen, obwohl Sie sehr unterschiedlich an Ihren Dienst herangehen."

Curtis verzieht das Gesicht, als ob er die Frage nicht ganz versteht; dann sagt er: „Der Chef und ich? Klar kommen wir gut aus. Richard ist ein großartiger Mann – manchmal bellt er ein bißchen, aber richtig zugebissen hat er noch nie. Wissen Sie, Henry, wir sind, was wir sind, und ich habe großes Glück, in eine Gemeinde geraten zu sein, wo es dem Pfarrer nichts ausmacht, daß ich ich bin, solange er sich nicht mit den Dingen abplagen muß, die nur passieren, weil ich ich bin. Verstehen Sie?"

Ich sage: „Meine zweite Frage dreht sich um –"

Es klingelt an der Haustür. Curtis hebt einen Finger, und wir verharren einen Moment lang schweigend. Jemand öffnet die Haustür. Curtis lächelt und läßt sich entspannt zurück aufs Sofa sinken.

Ich sage: „Meine zweite Frage dreht sich um –"

Es klopft an der Wohnzimmertür. Sie geht auf. Ein sehr hübsches Mädchen in Jeans und Pulli, etwa so alt wie der Vikar, öffnet die Tür und lächelt mich bezaubernd an, bevor sie sich an Curtis wendet. Ich frage mich, was man tun muß, um sich für eine dieser wunderbaren Frauen zu qualifizieren, die nie mit mir zusammen sind.

Das Mädchen sagt: „Curtis, Schatz, wir haben einen kleinen Notfall. Ich komme schon noch eine Weile klar, aber eigentlich brauchen sie dich. Wir sind oben, okay? Tut mir leid ..."

Curtis fordert mich auf, weiterzumachen, aber seine Augen verraten mir, daß er mit dem Herzen nicht mehr bei diesem Interview ist, sondern oben bei dem Notfall.

Kurz darauf gehe ich und gebe mir das Versprechen, daß ich, wenn ich den Mut finde, eines Freitags zu diesem Treffen in der Küche zurückkommen werde.

Ich weiß, das Interview kam nicht so recht in Gang, aber ich bin froh, daß wir Curtis in St. Yorick's haben.

---

**Arbeitsloser christlicher**
# Schlangenmensch
**sucht neue Position.**

Sehr flexibel. Windet sich vor Langeweile.
Legt sich gerne krumm, um zufriedenzustellen.
Kommt auch mit verwickelten Situationen zurecht.

**Zuschriften an den Schädel, Postfach 4**
(sicher zu klein, als daß sich irgendein Mensch
hineinzwängen könnte)

# ANSCHLAG BRETT

## GOTTESDIENSTE

### SONNTAG
8.00 Uhr  Konkussion
9.30 Uhr  Farnliliengottesdienst
11.00 Uhr  Morgengebet
18.30 Uhr  Abendpaket

### MITTWOCH
10.30 Uhr  Harmonium

---

Am Freitag, dem 11. November, findet um 18.45 Uhr bei der 2. Pfadfinderinnen-Gruppe von Gently Down ein Vortrag von Mr. William Slater statt, den die Zeitungen als „den gefährlichsten Mann Großbritanniens" bezeichnet haben. Mr. Slater hat wegen schweren Raubüberfalls drei und wegen schwerer Körperverletzung zwei mehrjährige Haftstrafen in Hochsicherheitsgefängnissen verbüßt. Eltern sollten dafür Sorge tragen, daß ihre Töchter sich vernünftig kleiden, da die Heizung zur Zeit nicht ausreichend funktioniert, und daß jedes Mädchen etwas Geld mitbringt, da wohl eine Kollekte zur Unterstützung von Mr. Slaters Arbeit zusammengelegt wird.

## Der Frauenkreis

trifft sich am Donnerstag, dem 20. November, um 19.30 bei Mrs. Tyson in der 36 Butterwick Avenue. Diesen Monat machen wir einen Mitbringabend, und die Damen sind herzlich eingeladen, Dinge mitzubringen, die sie gemacht, gezeichnet, gemalt, geschrieben oder gekocht haben, aber bitte keine Fotos. Mrs. Walsh wird den Anfang machen, indem sie eine Auswahl an Stoff herumgehen läßt und uns zeigen wird, wie man die Nadel richtig durchzieht. Mrs. Salmons macht weiter mit ein paar Stücken Pappe, die sie neulich zu Hause in einer Schachtel fand und die, wie sie meint, höchst interessant geformt sind. Kommt schon, Mädels! Könnt ihr da mithalten?

## Kirchenvorstand

Die letzte Kirchenvorstandssitzung dieses Jahres findet am Donnerstag, dem 27. November, im Pfarrhaus statt. Es gibt wichtige Dinge zu besäumen, also versprechen Sie sie auf keinen Fall.

# KINDERECKE

Zak hörte, wie sich die Menge beschwerte, und ich denke, wo Jesus jetzt neben ihm stand, fiel ihm wohl der Rest von dem Spruch mit „Gebt dem Kaiser ..." ein ... wo er sagt: „und Gott, was Gottes ist."

„Schau, Herr", sagte Zak, „ich werde die Hälfte meines Besitzes den Armen geben."

Die Leute waren sehr froh. Sie kriegten viermal so viel vom Finanzamt zurück, als sie an Steuern bezahlt hatten!

### DER JERICHO-HEROLD
## STEUERRÜCKZAHLUNG FÜR ALLE!

Der ortsansässige Steuereinnehmer Zak (Bild links mit zwei von ihm betrogenen Steuerzahlern) gibt alles vierfach zurück. Zu seiner Sinnesänderung kam es nach einer Begegnung mit Jesus. Zak meint, Jesus habe ihm irgendwie das Gefühl gegeben, innerlich groß zu sein. Niemand zuvor habe das je getan. Außerdem äußerte er, Jesus habe ihm gesagt, er sei nun gerettet. Von nun an hält Zak es für die beste Investition in die Zukunft, den finanziellen und sonstigen Rat Jesu zu befolgen.

**JESUS UND ZAK**

Das ist noch nicht alles, was Zak tat. Er zahlte den Leuten, die er betrogen hatte, alles zurück, und sogar viermal so viel, wie er gestohlen hatte.

Die meisten Leute haben Zak seine Habgier vergeben. Schließlich hat Jesus das ja auch, da müssen sie wohl. Zak ist sehr zufrieden und tut seine Arbeit korrekt und verbringt viel Zeit mit den Armen. Manchmal gibt er sogar seinem Chauffeur einen Tag frei.

Und wegen des Gefühls, das Jesus ihm gegeben hat, hat er beschlossen, keine Steuern von großen Leuten zu erheben!

# DER SCHÄDEL

**DEZEMBER** 1,–

Gemeindezeitung der Pfarrei St. Yorick's, Gently Down

Der Mensch im Dezember den Weihnachtsbaum schmückt – der Truthahn sieht zu, daß er sich verdrückt

**GLAUBE IN AKTION**

„Säget Gerechtigkeit ..."
(HOSEA 10,12)

**PFARRER:** REVEREND RICHARD HARCOURT-SMEDLEY D.D. TEL.: 569604
**VIKAR:** REVEREND CURTIS WARMLOVE B.D. TEL.: 563957
**KIRCHENVERSPRECHER:** MR. C. VASEY B.A. TEL.: 563749
**PFARRSEKRETÄRIN:** CRAZZA TEL.: 569604
SCHÜTTEL-BEITRÄGE AN HENRY PITCHER, 3 FOXGLOVE ROAD: 563328

# Ein Brief des Pfarrers

**Tiefes Gepeine,**

in dieser Zeit der Freude und des guten Willens habe ich bereits eine Anzahl äußerst bissiger Mitteilungen bezüglich gewisser Punkte in dem „Neuen Kommunionsgottesdienst" erhalten, der im letzten Monat in dieser Zeitschrift veröffentlicht wurde, und der Brief, der auf der Simon-Bleach-Seite dieser Ausgabe erscheint, ist mir nur zu wohlbekannt. Nun, natürlich war jener Kommunionsgottesdienst *nicht* der neue Kommunionsgottesdienst, wie der versehrte Mr. Pitcher sehr wohl gewußt haben wird, als er, vom Schalk getrieben, zuließ, daß er gedruckt wurde. Ich habe Mr. Pitcher gegenüber mein Empfinden zum Ausdruck gebracht, daß er sich in dieser Sache ein wenig ungezogen verhalten hat, und er hat sich bereit erklärt, den wirklichen Gottesdienstablauf zu Beginn des neuen Jahres abzudrucken. Außerdem hatte ich ein einigermaßen intensives kleines Gespräch zwischen Arbeitgeber und Angestellter mit Miss Fitt, die ebenso engagiert wie irregeleitet das falsche Dokument zutage förderte, während ich abwesend war, und ihr gegenüber meinem tiefen und aufrichtigen Wunsch Ausdruck verliehen, sie möge die Wahrscheinlichkeit einer Fortsetzung ihrer Tätigkeit dadurch festigen, daß sie im Umgang mit solchen Dingen künftig eine Nuance umsichtiger ist.

All denen, die in jenem Erguß des letzten Monats namentlich erwähnt wurden, kann ich nur sagen, daß sie sich geschmeichelt fühlen dürfen – durch ihre Erwähnung in einem Text, der, wie die meisten intelligenten Gemeindeglieder erraten haben werden, als scherzhafter Beitrag zu einem zukünftigen Unterhaltungsprogramm im Kreise der Gemeinde gedacht war. Selbstverständlich verdanken die in dem Text Genannten ihre Auswahl einzig ihrer Fähigkeit, über einen Witz auf ihre Kosten zu lachen, und sie wären vor einem etwaigen öffentlichen Vortrag aufs Vertraulichste zu Rate gezogen worden.

Die in einem Brief mit ganz unnötiger Grobheit und Giftigkeit ausgedrückte Vorstellung, meine Frau und ich hätten die allabendliche Gewohnheit, „über die Kapriolen der dummen Schafe" zu gackern, ist offenkundig absurd und völlig unzutreffend.

Entschließen wir uns, einander in dieser ganz besonderen Zeit des Jahres die Hand der Vergebung zu reichen. Damit wünsche ich der ganzen Gemeinde St. Yorick's ein gesegnetes Weihnachtsfest und ein glückliches und erfolgreiches neues Jahr.

Vom Schreibtisch Ihres Pfarrers

***Retched Hardgrot-Smiley***

**P.S.:** *Wenngleich ich es zutiefst bedaure, falls der oben geschilderte Zwischenfall jemanden in Verlegenheit gebracht haben sollte, möchte ich hinzufügen, daß ich mich strikt weigere, der sich entwickelnden Routine weiteren Vorschub zu leisten, daß Jonathan Basset, dessen Familie in derselben Straße wohnt wie wir, täglich an die Hintertür des Pfarrhauses kommt und drohend Süßigkeiten als Gegenleistung für seine Zusicherung verlangt, daß er zu Hause in seinem Zimmer nicht herzzerreißend weinen werde.*

## Ein Gedicht zu Weihnachten
# Die sprechenden Truthähne
*von Sarah Forrest*

*Kollert, ihr Truthähne, kollert nur,*
*kollert nach Truthahnweise,*
*kollert, solange ihr kollern könnt,*
*schon bald seid ihr Festtagsspeise.*

## Örtliche Redensarten
Eingesandt von Ivy Tyson

„Wer Heiligabend sich den Knöchel bricht,
den reizt ein Weihnachsspaziergang nicht."

# Briefe
## an die Redaktion

Sehr geehrte Damen und Herren,
ich möchte meiner tiefen und anhaltenden Wertschätzung für den monatlichen Mief des Pfarrers Ausdruck geben. Ich sauge ihn stets begierig in mich auf, wann immer er erscheint, und finde stets etwas, das frischen Wind in mein Leben bringt. Möge er sich noch manchen Monat auf diese Weise Luft machen.

Colin Vasey (bereitwilliger Kirchenvorsteher)

Lieber Mr. Pitcher,
im September sagten Sie, Sie hätten einen kleinen Preis für denjenigen, der die Botschaft von Paivi Kankainen an die Gemeinde entschlüsselt. Ich glaube, ich habe es geschafft. Was sie sagen wollte, war: Gottbefohlen, und mögen wir uns in der Fülle der Zeit wieder begegnen. Ist das richtig?

Janice, 13 Jahre

Liebe Janice,
gut gemacht, Du hast vollkommen recht! Und du wirst begeistert sein, wenn du hörst, daß Dein Preis eine fertige, straßengeplättete, wiedergeborene Kröte ist, hergestellt von der Expertin Liz Turton (siehe die Kinder-Ecke in dieser Ausgabe), die Du entweder Deinem Papa schenken oder selbst behalten kannst. Fröhliches Aufblasen!

Henry Pitcher

## MEIN ALLERLIEBSTER HAMSTER
Nicol Corkrot.– Erschienen im Echo Verlag
*Rezensiert von Simon Bleach*

Nicol Corkrot ist vor allem als christlicher Redner bekannt, doch natürlich war er auch schon mit seinen drei vorherigen Titeln enorm erfolgreich: „Meine allerliebste Wüstenspringmaus", „Mein allerliebster Wellensittich" und „Mein allerliebster Goldfisch". Im ersten dieser Bestseller erfahren wir, wie Gott mit erstaunlicher Klarheit durch Corkrots Wüstenspringmaus sprach und den Autor in die Lage versetzte, die geistlichen Muster zu deuten, die sein Haustier jeden Morgen in das Strohbett auf dem Boden seines Käfigs zeichnete. In der Gewißheit, daß diese Botschaften für die ganze Gemeinde Jesu bestimmt seien, sammelte Corkrot sie in einem Band, der natürlich unter dem Titel „Meine allerliebste Wüstenspringmaus ..." erschien. In seiner Einleitung zu diesem Buch macht der Autor folgende Bemerkung:

*Natürlich ist es gar keine Frage, daß diese Botschaften weder etwas von der Schrift wegnehmen noch ihr etwas hinzufügen können. Wenn Sie mich allerdings fragen, ob die von meinem Hamster empfangenen Worte von Gott stammen, nun, so steht es mir natürlich nicht zu, ein Urteil darüber zu fällen, aber ich meine – ich bitte Sie ...*

Der plötzliche Hungertod von Corkrots Wüstenspringmaus kurz nach dem Erscheinen des Buches legte die Vermutung nahe, daß diese Botschaften nun versiegen würden, und das wäre vielleicht auch so gekommen, wären Corkrots Verleger nicht gewesen, die, im Strom der Vorsehung schwimmend, ihm einen Vogel zum Geschenk machten, den er per Kurier zusammen mit seinem letzten Tantiemenscheck erhielt. Gott war gnädigerweise bereit, seine Offenbarungen durch diesen Wellensittich fortzusetzen, so daß die zweite Sammlung von Botschaften im folgenden Jahr mit ebenso großem Erfolg veröffentlicht wurde.

„Mein allerliebster Goldfisch ..." ist ein ähnliches Werk, basierend auf Corkrots geistgeführter Auslegung der geschmeidigen Bewegungen eines Goldfischs, der als Nachfolger des Wellensittichs in den Haushalt einzog, dessen letzte und vermutlich etwas zu entschieden säkulare Mitteilungen bezüglich des dringenden Bedarfs nach ein wenig Nahrung Corkrots Aufmerksamkeit irgendwie entging.

Das höchst erfolgreiche Team aus Gott, Corkrot, Corkrots Verleger und Corkrots neuestem Haustier setzt sich mit „Mein allerliebster Hamster ..." fort, das sich zweifellos ebensogut verkaufen wird wie die bisherigen Bände. Hier ist ein ziemlich typischer Auszug aus einer der täglichen Botschaften:

*„Mein allerliebster Hamster ...*

*sag deinem Meister, ich stimme vollkommen überein mit absolut allem, was er über mich und die Gemeinde und das Leben und richtiges Christsein und all das sagt. Sag ihm, wenn böse Leute anfangen, ihm zu widersprechen, soll er sie ignorieren und davon ausgehen, daß sie unmöglich wissen können, wovon sie reden. Sag ihm, wie sehr ich es schätze, daß er in den Medien eine Sprache benutzt, die nur von Leuten verstanden wird, die zu einem winzigen Spektrum der Gemeinde gehören, und ermuntere ihn, weiter auf seine ganz besondere Art die Leute in seinen Versammlungen anzustarren, so daß sie sich schuldig fühlen, obwohl sie gar nichts Böses getan haben. Sag ihm, mein einziger kleiner Kritikpunkt ist, daß seine Ansprachen eine Idee zu kurz sind. Vier weitere Punkte und eine Dreiviertelstunde mehr müßten reichen.*

*Und nun zu meiner Anweisung, daß ausnahmslos jeder, der Christ zu sein behauptet, jeden Tag durch irgendein Haustier von mir hören sollte ..."*

Vermutlich werden diese Bücher weiter erscheinen, bis Corkrot die Haustiere ausgehen oder jemand vergißt, Corkrot zu füttern. Wie auch immer, ich werde sie jedenfalls nicht lesen.

# GERETTET AUS DEM FLAMMENDEN ABGRUND EINER HÖLLE AUF ERDEN
### Von Billy „Das Messer" Scuzball – Erschienen bei Kingdom Teddybär.
*Rezensiert von Hilda Worthington*

Dieses zutiefst geistlich geprägte Buch beginnt mit einem fesselnden Kapitel unter der Überschrift „Ich wachse in einem dreckigen, laster-verderbten Loch voll sumpfiger Fäulnis auf", in dem wir erfahren, wie Billy sich täglich von Ratten-Eingeweiden ernährte und wie jeden Tag Männer darum wetteten, wie lange er brauchen würde, um vom Dach hoher Gebäude in die jaucheverseuchten Gassen zu stürzen, durch die er während der tränengetränkten Jahre seiner einsamen Kindheit kroch.

Auch Kapitel zwei zieht den Leser sofort in den Bann und ist überschrieben „Ich lerne, die Zuhälter, Perversen und Mördern, die wie Schweine im eitrigen Morast ihrer eigenen abscheulichen Taten dahinvegetieren, mit dem Messer auf Abstand zu halten". Für diejenigen, die nichts über das Leben solcher Menschen wissen, ist dies eine lebhafte, dramatische Einführung in die Welt, in der Billy Scuzball aufwuchs.

Kapitel drei, „Ich tue ein paar unglaublich groteske und gräßliche Dinge, weil niemand mir je beibrachte, daß sie falsch sind", und Kapitel vier, „Alle schmutzigen Details meines perversen Sexlebens, einschließlich der Dinge, die Sie nie für physisch möglich gehalten hätten", sind ebenso faszinierend, wie auch die folgenden sieben Kapitel, in denen Billy fortfährt, den Sumpf sündiger Verwahrlosung zu schildern, in dem er den größten Teil seines Lebens watete.

Für mich verlor das Buch im Nachwort, in dem Billy auf seine Bekehrung zum christlichen Glauben zu sprechen kommt, ein wenig an Spannung, aber insgesamt ist es eine äußerst fesselnde Lektüre. Wie gut, daß wir unseren jüngeren Heranwachsenden, die in einer Gesellschaft aufwachsen, in denen sie jederzeit über schädliche Videos und Bücher verfügen, ein so aufbauendes, geistliches Buch an die Hand geben können. Gehört unter jeden Weihnachtsbaum!

# DER ALTE STANLEY SELFMADE BEWEIST, DASS ICH RECHT HABE
### Von Sam Alien – Erschienen bei Fußnagel & Rolldich.
*Rezensiert von Dave Billings*

Dieses Buch wurde von Sam Alien geschrieben, in christlichen Kreisen wohlbekannt für seine tiefe Überzeugung, daß ältere Gemeindeglieder während der Gottesdienste nicht nur hinausgehen und an den Aktivitäten der Kinder teilnehmen dürfen, sondern sogar dazu ermuntert, ja *angehalten* werden sollten. Die meisten Leute kennen Sams Hintergrund. Er wuchs mit nur sehr wenig formeller Schulbildung auf, spricht mit starkem regionalem Akzent, leitet ständig Versammlungen für ältere Leute, indem er einfach mehr oder weniger planlos auf den Tasten eines Klaviers herumhaut, und hält Theologie für überflüssig, weil sie nur verwirre und snobistisch sei.

Die Hauptfigur in Sams neuem Buch, der alte Stanley, ist ein alter Mann der sich aus dem Alte-Leute-dürfen-nicht-zu-den-Kindern-Land auf die Reise macht, um nach dem legendären Alte-Leute-dürfen-zu-den-Kindern-Land zu suchen. Auf seinen Wanderungen trifft er Herrn Hochgebildet-aber-völlig-nutzlos, der ihn bewußt und böswillig auf einen falschen Weg schickt, so daß er bald im Korrekt-sprechen-Sumpf zu versinken droht, aus dem er gerade noch rechtzeitig vom guten John Sprich-wie-du-willst gerettet wird. Weitere Abenteuer sind die Begegnungen mit den Langweilig-Korrekt-Musikalisch-Leuten, die nie etwas zustande bringen, weil sie zu beschäftigt damit sind, ihre Instrumente perfekt spielen zu lernen, und der entbehrungsreiche Versuch, die Wüste der Snobistischen Theologie zu durchqueren, ohne zu verdursten. Schließlich erreicht Stanley das Alte-Leute-dürfen-zu-den-Kindern-Land, und alles nimmt ein gutes Ende.

Aufmerksamen Lesern wird nicht entgehen, daß hier und da Sams eigene Ansichten durchschimmern. Alles in allem eine sehr subtile und bedeutungsvolle Allegorie, die auf einer Anzahl von Ebenen gelesen werden kann – na ja, auf einer.

# KINDER-ECKE

*Ein hübsches Geschenk für den Papa, der schon alles hat*

# WIEDERGEBORENE KRÖTEN

*Beigesteuert von Liz Turton*

Werft dieses Jahr Eure leeren Getränkepackungen nicht weg, Kinder, und bewahrt auch die mitgelieferten Strohhalme auf. Mit einer Schere und ein paar Tropfen Klebstoff könnt Ihr mit viel Spaß ein prima Geschenk für Papa basteln – eine straßengeplättete, aufblasbare, wiedergeborene Kröte ganz für ihn allein!

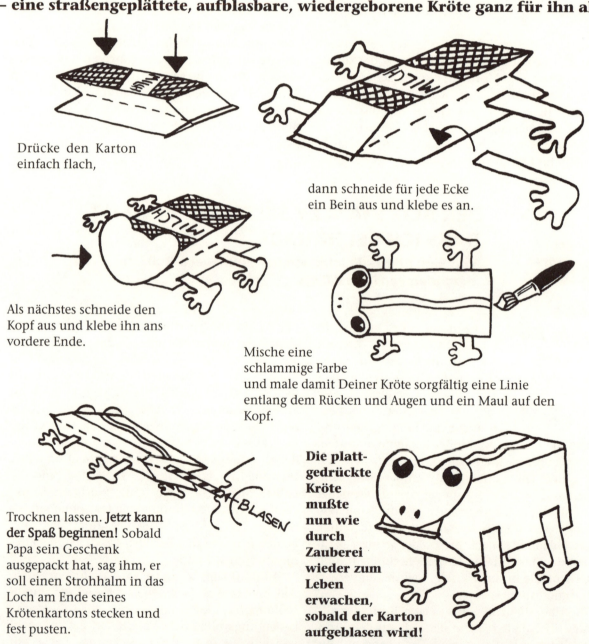

Drücke den Karton einfach flach,

dann schneide für jede Ecke ein Bein aus und klebe es an.

Als nächstes schneide den Kopf aus und klebe ihn ans vordere Ende.

Mische eine schlammige Farbe und male damit Deiner Kröte sorgfältig eine Linie entlang dem Rücken und Augen und ein Maul auf den Kopf.

Trocknen lassen. **Jetzt kann der Spaß beginnen!** Sobald Papa sein Geschenk ausgepackt hat, sag ihm, er soll einen Strohhalm in das Loch am Ende seines Krötenkartons stecken und fest pusten.

**Die plattgedrückte Kröte mußte nun wie durch Zauberei wieder zum Leben erwachen, sobald der Karton aufgeblasen wird!**

# STUNDEN VOLLER SPASS!

# Waschen Sie Ihre
# SCHMUTZIGE WÄSCHE
## mit Simon Bleach

**?** Lieber Simon,
bin ich die einzige Person in der Gemeinde, die etwas stutzig darüber ist, daß auf einem der Treffen der Mädchen-Pfadfindergruppe im letzten Monat ein höchst gefährlicher Krimineller gesprochen hat? Und wann werden wir das Ende der Geschichte erfahren? Wurde Mr. William Slater ungezogen? Führte er auf seine unnachahmlich schurkenhafte Weise eine Kollekte durch? Fügte er irgend jemandem eine schwere Körperverletzung zu? Wurden die Mitglieder der Gruppe durch sein eindrucksvolles Beispiel so inspiriert, daß jedes von ihnen nun dem höchsten Ziel nachstrebt, den Titel der „Gefährlichsten Pfadfinderin Großbritanniens" zu erringen? Haben sich die Mädchen warm genug angezogen?

Bitte verzeihen Sie, wenn Sie den Eindruck haben, daß ich mich etwas negativ anhöre. Ich werde es sofort wieder gut machen, indem ich konstruktive Vorschläge mache. Diesen zum Beispiel: Wie wär's, wenn wir den Januar zum „Serienmörder-Monat" für alle Pfadfinderinnen in St. Yorick's machen? Sicher könnten wir es arrangieren, daß ein wahnsinniger Massenmörder, durch Handschellen an mehrere Polizeibeamte gefesselt, aus irgendeinem Hochsicherheitsgefängnis zu uns gebracht wird, um den Mädchen zu erklären, welche Schulabschlüsse und Ausbildungsgänge notwendig sind, um eine Laufbahn in der Homizid-Branche einzuschlagen.

Vielleicht könnte jedes der Mädchen ein spezielles Projekt über einen Nazi-Kriegsverbrecher seiner Wahl durchführen. Sie könnten aus Zweigen kleine Miniatur-Galgen basteln oder Adolf Eichmanns Gesicht auf den Ärmel ihrer Tracht sticken. Solche Projekte wären attraktiv, würden Spaß machen und wären eigentlich sehr leicht durchzuführen.
**James**

**!** *Lieber James,
ich habe beschlossen, die weiteren vier Seiten voll übelsten Sarkasmus, an deren Abfassung Sie offenbar so großen Spaß hatten, nicht zu veröffentlichen. Ich könnte mir vorstellen, daß Ihnen William Slaters durchaus glaubwürdige und wohldokumentierte Bekehrung zum christlichen Glauben sehr wohl bekannt war, einem Glauben, der, wie Sie sich vielleicht erinnern, denen, die Buße tun, die volle Vergebung zusagt, ob sie nun gewalttätige Kriminelle oder bissige, verbitterte Fanatiker sind.*
***Simon***

• • • • • • • • • • • • • • • • • •

**?** Lieber Simon Bleach,
wir, die Unterzeichneten, sind schockiert, verletzt und außerordentlich ungehalten über die Art und Weise, in der wir in der lächerlichen und keineswegs witzigen Parodie eines Kommunionsgottesdienstes, der in der Gemeindezeitschrift des letzten Monats erschien, verhöhnt wurden. Insbesondere Mrs. Purbrick ist zutiefst entsetzt und möchte öffentlich zum Ausdruck bringen, daß sie niemals auf die Toilette geht, während Philip Jaws uns gebeten hat, darauf hinzuweisen, daß er und seine Familie im Geist herumhüpfen und dafür nicht kritisiert werden sollten. Wir verurteilen den Pfarrer für die Rücksichtslosigkeit, so etwas zu schreiben; wir verurteilen Christine Fitt für die Torheit, es weiterzugeben, und wir verurteilen Henry Pitcher dafür, daß er es veröffentlicht hat, um seinen verdrehten Sinn für Humor zu kitzeln. Wie ein derartiges Verhalten damit in Einklang zu bringen sein soll, daß diese Leute womöglich für sich in Anspruch nehmen, an christlichen Grundsätzen festzuhalten, ist uns ein vollkommenes Mysterium. Wir sind nun in einer Situation, in der wir unsere weitere Mitgliedschaft in der Kirche ernsthaft überdenken müssen. Meinen Sie nicht auch, daß es eine Schande ist, was da passiert ist?

**Mit freundlichen Grüßen:**
**Hilda Worthington**
**Dave Billings**
**Familie Jaws**
**Maude Glass**
**Hugh Danby**
**Mrs. Williams**
**H. Tuttsonson**
**Mrs. Purbrick**
**noch einmal Mrs. Williams**
**Glenda Andrews**

**P.S.** Nicht-Unterzeichner: **Vaughn Claridge** – durfte nicht unterschreiben, weil wir auf der

Seite des Pfarrers stehen.
**Jonathan Basset** – verdächtig ungerührt.
**George Pain** – weil es ihm „gefiel, dabei zu sein".
**P.P.S.** Es stimmt, daß **Glenda Andrews** in dem Text eigentlich nicht erwähnt wird, aber wie sie uns sagt, hatte sie schon immer das Gefühl, daß der Pfarrer sie auf dem Kieker hat, und es sei typisch für ihn, sie außen vor zu lassen.

**!** *Liebe schockierte, verletzte und außerordentlich ungehaltene Leute,*
mag sein, daß es eine Schande ist, aber ich bin ziemlich sicher, daß der Rest der Gemeinde, ebenso wie ich, atemlos den Ausgang dieser bemerkenswerten Gelegenheit erwartet, durch die Sie demonstrieren können, daß Sie frömmer als der Pfarrer, die Pfarrsekretärin oder der Herausgeber dieser Zeitschrift sind. Wenn Sie sagen, daß Sie diese drei Leute verurteilen, dann wollen Sie damit vermutlich auf irgendeine verschleierte Weise sagen, daß Sie ihnen vergeben, nicht wahr? Oder vielleicht wollen Sie andeuten, daß Jesus, als er uns auftrug, unseren Brüdern und Schwestern siebzigmal siebenmal zu vergeben, dabei heftig mit den Augen zwinkerte und flüsternd hinzufügte: „Natürlich gilt das nicht für Richard Harcourt-Smedley, Christine Fitt oder Henry Pitcher."
Was den Gedanken angeht, Ihre Mitgliedschaft in der Kirche zu beenden, nun, jawohl! Was für ein wunderbares Zeugnis. Den Rest der Gemeinschaft der Gläubigen für etwas zu bestrafen, das ein anderer getan hat, ist ein weiterer Aspekt des christlichen Lebens, der in den letzten zweitausend Jahren viel zu wenig ausgelebt wurde. Nur zu!
**Simon**

**?** Lieber Simon,
bitte richten Sie dem Herausgeber meine herzlichsten Glückwünsche zu dem verballhornisierten Kommunionsgottesdienst vom letzten Monat aus. Was für ein Brüller – und was für ein Nerv, Leute so beim Namen zu nennen. Ich habe Tränen gelacht. Sie haben recht – sie singt wirklich wie eine Henne, die auf etwas Scharfem sitzt. Weiter so!
**Scott**

**!** *Lieber Scott,*
ich habe Ihren Glückwunschbrief an den Herausgeber weitergegeben. Er rahmt ihn sich ein.
**Simon**

**?** Lieber Mister Bleach,
ist es schon zu spät, meinen Brief lieber nicht an den Weihnachtsmann zu schicken? Bitte schicken Sie ihn nicht. Es sind nicht die. Er ist es. Schicken Sie ihn nicht. Bitte schicken Sie ihn nicht. Bitte, Mister Bleach. Ich flehe Sie an, SCHICKEN SIE IHN NICHT.
**P.S.** Schicken Sie ihn nicht.

**!** *Liebe Cherry,*
Du hast großes Glück gehabt. Ich dachte, ich hätte Deinen Brief schon abgeschickt, aber als ich neulich in meiner Schublade wühlte, fand ich ihn in einer meiner alten Bibel. Er würde ein gutes Lesezeichen abgeben. Ich schicke ihn Dir zurück, und ich wollte Dir

---

## HAUSHALTSTIPS

### zu Weihnachten: Leere Flaschen

**Eingesandt von Maude Dent**

Zur Weihnachtszeit scheinen die leeren Milchflaschen Junge zu kriegen, nicht wahr? Nun, wie wäre es mit der folgenden Idee? Am Weihnachtstag, vielleicht gerade zu der Zeit, wo die Stimmung ein bißchen abflacht, gehen Sie leise in die Küche und sammeln zehn leere Milchflaschen ein. Stellen Sie sie auf den Küchentisch und stecken Sie jeden Ihrer zehn Finger und Daumen in eine der Flaschen. Es wird Ihnen leicht gelingen, die Flaschen festzuhalten, wenn Sie die Hände hochheben. Dann stürmen Sie in das Zimmer, in dem die meisten Leute versammelt sind, lassen die Flaschen wild mit den Fingern klimpern und schreien laut: „Edward mit den Flaschenhänden!" Danach ist die Stimmung bestimmt nicht mehr flach. Und wenn Sie fertig sind, lassen Sie die Kinder ruhig auch mal!

noch sagen, daß ich, wenn ich es recht bedenke, sicher bin, daß Du die richtige Entscheidung getroffen hast.

*Simon*

• • • • • • • • • • • • • • • • •

**?** Lieber Simon Nicht-aus-Durham-schreibt-Unfug-über-Wunder Bleach,

das mit Abstand Witzigste, was dieses Jahr passiert ist, war, als Sie vor ein paar Monaten nach vorne kamen, um die Schriftlesung zu halten, zweifellos in Ihrer üblichen oberschlauen Manier restlos davon überzeugt, den Abschnitt nicht vorbereiten zu müssen, weil Sie ja so viel besser als alle anderen vom Blatt ablesen können. Dann jedoch, als Sie ans Lesepult traten, merkten Sie, daß die Passage, die Sie lesen sollten, voll mit langen, schier unaussprechlichen hebräischen Namen war, stimmt's? Was dann kam, war besser als Kino, und – raten Sie mal! Ich habe mir die Kassette von dem Gottesdienst beschafft, die immer für die Bettlägerigen gemacht wird, und habe Ihren Beitrag herausgeschrieben, so genau es eben geht, und füge ihn zur Veröffentlichung im *Schädel* bei, wenn Sie den Schneid haben:

**SIMON:** (BEGINNT IN SEINEM ÜBLICHEN, ARROGANT-SELBSTBEWUSSTEN TONFALL) Und der König sprach zu ihm: „Ich kenne deinen Namen gut (SCHRECKERFÜLLTE PAUSE) Abim – in – im – ad – im – in – ai. Abidnim – Adiminim – Ambididni – Abiniminadimanai. (RÄUSPERT SICH) Und ich kenne auch deinen Vater, Hamil – in – im – il –ab – lim, Hamilinimiliblimil – Aliminium (STÖHNT) Hamilinimiliblim – blim. Ich kannte ihn in der Stadt, die da genannt wird (GEQUÄLTES STÖHNEN) Eg – schas – lwer – gnan – dai – ga. Egschaslwergnandaiga – Egschaslwergnandaiga – Egschaslwergnandaiga, und auch (MIT ERBARMUNGSWÜRDIGER ERLEICHTERUNG) in Gad."

„Du hast wohl gesprochen, oh König", spricht ABINIMI – NIDIMINI – DIMI – MIDIMIDIMUM, „daß du meinen Vater HAMINLIMINILIBLIMINIL in EGLW – EGLW – EGLW – EGLW – EGLW – in GAD kennst."

Dies ist das Wort des Herrn – so ungefähr ...

Das hätte ich um mein Leben nicht verpassen mögen. Meinen Preis, bitte.

**Victor Clements**

**!** *Lieber Victor,*

*Sie haben Glück, daß ich ein toleranter, aufgeschlossener, gelassener Typ bin, der sich nicht daran stört, wenn sich die ganze Gemeinde auf seine Kosten amüsiert. Noch mehr Glück haben Sie, daß ich eine Frau habe, die mir gedroht hat, mich zu verlassen, falls ich mich weigere, Ihren Brief zu veröffentlichen und Ihnen den Preis zuzuerkennen. Also, die gute Nachricht, daß Sie den Preis bekommen; und die noch bessere Nachricht ist, da werden Sie mir sicher zustimmen, daß der Preis in einem Exemplar meines Büchleins „Öffentliches Reden in der Kirche" besteht. Per Eilkurier unterwegs zu Ihnen, wie es in der Werbung immer heißt. Hoffe, Sie sind nicht zu sehr mit der Planung für die Fortsetzung Ihres rauschenden Erfolges von Pfingsten im nächsten Jahr beschäftigt und finden jede Menge Zeit, um sich daran zu erfreuen.*

*Simon*

---

Wie lieblich sind auf den Bergen die Füße der Freudenboten? Die Antwort lautet – nicht besonders, wenn sie nichts gegen diese häßlichen Hühneraugen getan haben.

**Christliche Pediküristin**

bietet zu Weihnachten Sonderpreise.

**Telefon 560278**

**?** Lieber Simon,
ich weiß nicht, ob Sie mir bei dieser Frage helfen können, aber einige von uns haben sich gefragt, was die Initialen bedeuten, die jeden Monat hinter dem Namen der Pfarrsekretärin auf der Titelseite des *Schädel* erscheinen. Der Pfarrer ist D.D., was wohl „Doctor of Divinity" bedeutet, und B.D. und B.A. sind ebenso vertraut, aber was bedeuten die Initialen K.E.B.T? Von dieser Qualifikation hat keiner von uns bisher gehört. Wir vermuten, daß es sich um ein Diplom handelt, das man nach irgendeinem Weiterbildungskurs für Sekretärinnen erhält. Vielleicht könnten Sie das für uns herausfinden?
**Einige von uns**

**!** *Liebe Einige von Ihnen,*
*ich habe tatsächlich Miss Fitt, oder Crazza, wie sie von nun an genannt werden möchte, nach den von Ihnen erwähnten Initialen gefragt, und sie war sehr gern bereit, mir die Information zu geben, da sie, wie sie sagt, verliebt ist und es ihr ganz egal ist, was irgend jemand über sie weiß. Ich habe Ihr geraten, die folgende Tatsache für sich zu behalten, aber sie hat auf der Veröffentlichung bestanden, und so sei es nun. Als sie anfing, für den Pfarrer zu arbeiten, war es Crazza ein wenig peinlich, daß sie keine Buchstaben hinter ihren Namen setzen konnte wie die anderen, die jeden Monat auf der Titelseite genannt werden, und deshalb hat sie sich einfach welche ausgedacht. K.E.B.T steht für KANN EIN BISSCHEN TIPPEN.*
***Simon***

Zum Weihnachtsliedersingen der Gemeinde treffen wir uns am Freitag, dem 19. Dezember, um 18.30 Uhr. Wäre schön, wenn diesmal auch ein paar jüngere Leute dabei wären! Bitte versammeln Sie sich vor dem Pfarrhaus zur Verteilung der Zotenblätter. Wenn Sie ein Instrument spielen, bitte mitbringen.

Am Mittwoch, dem 24. Dezember (Heiligabend) findet unser Krippengottesdienst statt, in dessen Verlauf die Kinder eine Orange und eine Kerze erhalten, um das Baby Jesus, das Licht der Welt, in unserer Mitte willkommen zu heißen. Mitglieder der Krabbelgruppe, die sich regelmäßig im Gemeindesaal trifft, sind besonders eingeladen, an diesem sehr bewegenden Gottesdienst teilzunehmen; nur bleiben Sie mit ganz kleinen Kindern bitte im hinteren Bereich, und beachten Sie, daß die Kirche und ihre Bediensteten nicht für Schäden oder Verletzungen haften, die, auf welche Weise auch immer, durch die Flammen besagter Kerzen oder durch irgendeinen Gegenstand oder eine Fläche, die durch jene Flammen erhitzt oder entzünden wurden, entstehen könnten.
**Ein warmes Willkommen an alle!**

# ANSCHLAGBRETT

## GOTTESDIENSTE

### SONNTAG
8.00 Uhr Kommißkopp (gedungen)
9.30 Uhr Flammengottesdienst
11.00 Uhr Mordengebet
18.30 Uhr Abendgebet

### MITTWOCH
10.30 Uhr Komposition

---

**Unser Weihnachtsgottesdienst** wird ein Familiengottesdienst sein und um 10.30 Uhr beginnen. Die Frau des Pfarrers wird die Kinder ermuntern, nach vorn zu kommen und den Inhalt ihrer Strümpfe vor der Gemeinde zu zeigen, wie sie es seit ihrer Ankunft in der Gemeinde jedes Jahr getan hat.

---

Eine „**Fast-da-Silvesterparty**" findet im Hause der Jaws, 25 Forwill Drive, von 20.00 Uhr bis Mitternacht statt. Wer kommen will, möge einen unerlösten Freund und eine Flasche oder Packung eines alkoholfreien Getränks mitbringen. Es werden Chorusse gesungen werden.

---

Das Treffen

### des Frauenkreises

findet diesen Monat am 18. Dezember in der 36 Butterwick Avenue statt. Wir rechnen mit einem Besuch des Weihnachtsmanns persönlich, und alle dürfen ihm einmal in den Sack greifen!

---

Es wird dieses Jahr wieder eine Mitternachtschristmesse geben, aber nach unseren Problemen im letzten Jahr wurde beschlossen, daß gegen jeden Fall von Trunkenheit rücksichtslos vorgegangen wird. Zur Eröffnung singen wir „God Help you Merry Gentlemen".

---

Der Weihnachtsliedergottesdienst findet am Sonntag, dem 21. Dezember, um 18.30 Uhr in der Kirche statt. Eine Chance zur Entspannung für jene, die dem Weihnachtsrammel für eine Weile entkommen möchten.

---

Alleinstehende anglikanische Dame, die anonym bleiben möchte, um ihren Arbeitgeber im Pfarrhaus nicht in Verlegenheit zu bringen, möchte auf George Pains bewegende Zeilen in der November-Ausgabe antworten, daß sie Moos gegessen hat, und es funktioniert! Sie würde ihn sehr gern in jedem beliebigen Monat des Jahres küssen, einschließlich der nebellosen, in denen er deutlich richtbar ist.

# All unseren Lesern ein recht frohes, gesegnetes Weihnachtsfest!!

Wenn Sie die Zeitschriften in diesem Jahr
gut fanden warten Sie erstmal bis
nächstes Jahr ab!
Wir fangen gerade erst an!
Henry Pitcher

# Weitere Titel von Adrian Plass...

**Tagebuch eines frommen Chaoten**
Paperback, 160 Seiten.
ISBN 3-87067-391-5

Mit diesem Buch wurde Adrian Plass zum christlichen Bestsellerautor. Inhaltsbeschreibungen sind zwecklos – das muß man gelesen haben ...

**Die rastlosen Reisen des frommen Chaoten**
Paperback, 192 Seiten.
ISBN 3-87067-643-5

Das zweite Tagebuch des Adrian Plass berichtet von den Reisen und Vorträgen des zum christlichen Redner avancierten Buchautors und von seiner skurrilen Heimatgemeinde.

**Die steile Himmelsleiter**
Paperback, 220 Seiten.
ISBN 3-87067-462-8

Adrians Autobiographie mit unwiderstehlichem Humor und entwaffnender Ehrlichkeit.

**Ansichten aus Wolkenkuckucksheim**
Paperback, 192 Seiten.
ISBN 3-87067-475-X

Adrian beschreibt mit gewohntem Witz das Auf und Ab des Christseins, das zum größten Teil aus dem Sichwiederaufrappeln besteht ...

**Ein Außerirdischer im Kirchenschiff**
Paperback, 180 Seiten.
ISBN 3-87067-511-X

Eine himmlische Begegnung der dritten Art hat die Gemeinde von St. Wilfried's, als sie in ihrer Kirche einen Außerirdischen vorfindet.

**Die theatralischen Tonbänder des Leonard Thynn**
Paperback, 144 Seiten.
ISBN 3-87067-508-X

Adrians Gemeinde will beim Theaterfestival mitmachen: Daniel in der Löwengrube. Na ja, wir erleben David doch etwas anders als gewohnt ...

**Warum es kein Verbrechen war, Onkel Reginald zu töten**
Paperback, 192 Seiten.
ISBN 3-87067-555-1

Adrian erzählt gleichnishafte Geschichten mit tiefgründigem Humor. Während der Leser an der Haustür unterhalten wird, schlüpft die Wahrheit durch ein Seitenfenster ins Zimmer.

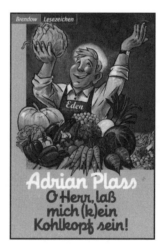

**O Herr, laß mich (k)ein Kohlkopf sein!**
Paperback, 160 Seiten.
ISBN 3-87067-641-8

Humorvoll und dennoch mit Plass'schem Ernst und Tiefgang serviert der fromme Chaot witzige Geschichten, Sketche und Verse quer durch Gottes Gemüsegarten.

# ... und noch mehr:

**Streß-Familie Robinson**
Paperback, 208 Seiten.
ISBN 3-87067-609-4

Die Robinsons sind eine „ganz normale Familie". Familienmitglied h.c. Elizabeth Reynolds gewährt dem Leser einen Einblick ins „traute Familienglück".

**Mr. Harpers Traum vom Leben**
Paperback, 220 Seiten.
ISBN 3-87067-678-7

Der junge und unerfahrene David Harper wird Hausvater in einem Heim für milieugestörte Kinder. Ein bewegender Plass-Roman mit autobiographischen Zügen.

**Und der Grashalm sprach ...**
Paperback, 192 Seiten.
ISBN 3-87067-695-7

Neue Kurzgeschichten von Adrian Plass. Eine beeindruckende und bewegende Lektüre – nicht nur für Väter und Söhne.

**Gesprengte Mauern**
Gebunden, 192 Seiten.
ISBN 3-87067-584-5

Ein Andachtsbuch – ein ganz neuer, anderer Plass. Texte, die die Mauern der Angst in uns sprengen.

**Brendow///**
Buch · Kunst · Verlag

**Wenn ich einmal im Himmel bin ...**
Gebunden mit Schutzumschlag, 96 Seiten.
ISBN 3-87067-719-8

Adrians Gedichte erzählen vom Leben, vom Lachen und Weinen, von Höhen und Tiefen, Schuld und Vergebung und von Gott, mit dem Adrian einst im Himmel Drachen steigen lassen möchte.

**Stürmische Zeiten**
Gebunden mit Lesebändchen, 574 Seiten.
ISBN 3-87067-741-4

Jetzt kommt frischer Wind in die „Stille Zeit". In seinem zweiten Andachtsbuch gewinnt Adrian erstaunliche Einsichten und versorgt seine Leser mit kraftvollen, hilfreichen, herausfordernden und befreienden Impulsen für jeden neuen Tag.

**Ich setze auf die Hoffnung**
Gebunden, 48 Seiten.
ISBN 3-87067-764-3

In einfühlsamen, poetischen und ehrlichen Texten führt Adrian die Worte der Bibel um das Geschehen auf Golgatha ganz ungewohnt und eindrücklich vor Augen. Im Zusammenklang mit den herausfordernden Bildern von Ben Ecclestone entstand so ein ungewöhnlicher Geschenk- und Meditationsband.